D1724936

Inhalt

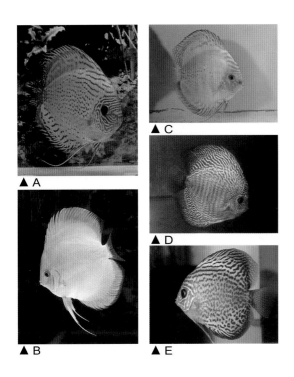

▲ A
▲ B
▲ C
▲ D
▲ E

A. WR1-Red Spotted Brillant

B. Blue Cover Diskus aus Hongkong

C. Snake Skin Diskus.

D. Golden Diskus aus Malaysia

E. Red Spotted Leopard Skin

© Copyright 1998, bede-Verlag GmbH, Bühlfelderweg 12,
  94239 Ruhmannsfelden
© Copyright der chinesischen Originalausgabe by Johnny Yip

email: bede-Verlag@t-online.de;
Internet: http://www.bede-verlag.de

Alle Rechte vorbehalten. Für Schäden die durch Nachahmung entstehen, können weder Verlag noch der Autor haftbar gemacht werden.

Bildnachweis: Alle Fotos Johnny Yip.

ISBN: 3-931 792-83-8

Vorwort

Wenn man von asiatischen Diskusfischen spricht, dann herrscht kein Zweifel daran, daß diese, verglichen mit ihren westlichen Artgenossen, durchaus eine exzellente Vorstellung abgeben. Eine geradezu unglaubliche und großartige Kombination von Zuchtvarianten, sowohl in Farbe als auch Form, bei den asiatischen Diskusfischen brachte schon so manchen Diskusliebhaber schier zur Verzweiflung. Auch die berühmtesten deutschen Diskuszüchter können nicht umhin, dem Charme asiatischer Diskusfische zu erliegen und zu versuchen, solche Fische zu erwerben. In den vergangenen Jahren gab es in Asien eine regelrechte Diskusrevolution. Durch die Züchter wurde allerhand am Diskusfisch verändert. So veränderte sich in Asien die Körpergröße, aber auch die Körperform der Diskusfische und im besonderen natürlich die Farbe. Doch nicht alles was in Südostasien an Diskusfischen gezüchtet wurde, konnte den Lesern in aller Welt auch gezeigt werden und so ist es die Aufgabe dieses Buchs, mehr über die Ästhetik der asiatischen Züchtungen und über die Züchter, die dahinterstehen, zu berichten. Lassen Sie sich von den interessanten Techniken gefangennehmen, die in Asien benutzt werden.

Als ich begann, die Idee für dieses Buch bekannt zu machen, gab es ein großes Interesse an einer Übersetzung der chinesischen Orginalversion in englisch, japanisch und deutsch. Das deutsche Buch liegt jetzt vor Ihnen und sicherlich werden Sie durch diese Berichte die asiatische Diskusszene noch besser kennenlernen.

Es war ein weiter Weg, alle diese Diskusfarmen zu besuchen, denn sie lagen ja über den asiatisch-pazifischen Raum verstreut. So war es notwendig, sowohl nach China, als auch nach Taiwan, Japan, Malaysia, Hongkong, Singapur, Thailand, Vietnam, Korea und Indonesien zu reisen. Alleine über 50.000 Kilometer betrug die Flugstrecke, die dabei zurückzulegen war. Es entstanden während der gesamten Reise auch über 5.000 Fotografien und es wurden um die 100 Diskuszuchtfarmen und Diskuszüchter besucht. Von den vielen Interviews und Berichten wurden die wichtigsten und interessantesten ausgewählt, um dieses Buch zu veröffentlichen. Durch die Beschränkung der Seitenzahl, war es auch erforderlich, sich auf die wichtigsten Ereignisse und Berichte zu beschränken.

Alle Diskusliebhaber sind eingeladen, an der Faszination Diskus teilzunehmen, und ich wünsche Ihnen viel Freude beim Lesen.

Ihr Johnny Yip

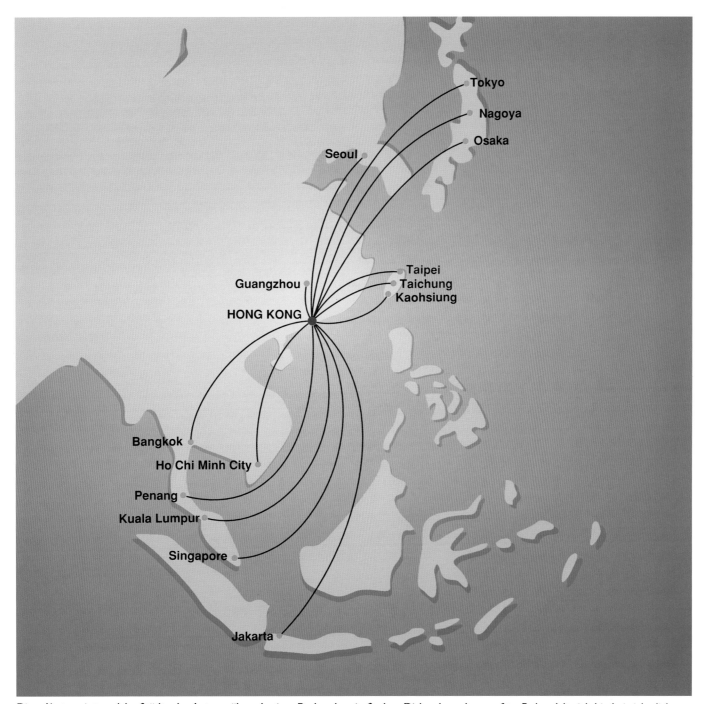

Diese Karte zeigt, welche Städte der Autor während seiner Recherchen in Sachen Diskus besuchen mußte. Es handelt sich hierbei sicherlich um die Hauptzentren der Diskuszucht in Südostasien.

Als Verleger und Autor zahlreicher Diskusbücher war es für mich eine Selbstverständlichkeit, daß ich den deutschsprachigen Diskusfreunden dieses Buch anbieten mußte. Da ich selbst über viele Jahre hinweg zu all den hier aufgeführten Diskuszüchtern Kontakte besitze und viele dieser Diskusfarmen inzwischen selbst mehrfach besucht habe, war es mir ein leichtes, die Ausführungen meines Freundes Johnny Yip für den Leser noch etwas auszuweiten. Johnny Yip hat schon zahlreiche Artikel für unsere Diskusjahrbücher geschrieben und immer wieder waren wir von der Qualität seiner Bilder beeindruckt. So wird es Ihnen als aufmerksamer Betrachter auch mit diesem Diskusbuch ergehen, denn die Abbildungen die Sie hier sehen werden, zeigen doch einen großen Abriß der gesamten südostasiatischen Diskuskultur. Johnny ist ein großartiges Buch gelungen und wir alle danken ihm dafür recht herzlich.

Bernd Degen

Ein Dankeschön

Während des Besuchs vieler asiatischer Länder war es nötig, viele Freunde um Hilfe zu bitten, damit es möglich wurde, in die teils geheimnisumwitterten Diskusfarmen zu gelangen. Ohne meine hier aufgeführten Freunde wäre es sicherlich nicht möglich gewesen, dieses Buch zu verwirklichen. Ich möchte ihnen allen nochmals für die großartige Unterstützung herzlichst danken.

Johnny Yip

China
Wong Tak Kwong

Hongkong
Victor Wong Wing Yue
David Lam
Cheung Wai Shing

Indonesien
John Sujatono
Hadi
Jeun Chi Keung

Japan
Monoru Suhara

Malaysia
C. H. Khoo
Simon Po

Singapur
Sun See Seng
Lee Tong Juan

Taiwan
Liu Hsia Chung
Sharman Chou
Cher Chen
Huang Chi Fa
Lin Ju Chen
Kwan Kou Yun

Thailand
Steven S. P. Yeung
Lim Kui Meng
Lim Sui Lung

Vietnam
Pat Cheung
Liu Wo Sang
Cheung Man Kwong

Deutschland
Bernd Degen
Marcus Degen

Golden Sunrise Diskusart mit herrlicher gold-gelber Körperfärbung.

Durch das Einkreuzen von Pigeon Blood Diskus, gelingt es immer wieder, faszinierende Zuchtvarianten zu kreieren.

Diese Red Diamond genannte Diskusvariante, wurde durch das Einkreuzen von Grünen Wildfängen gezüchtet. Der Züchter Lo Wing Yat ist für seine herrlichen Diskusfische weltbekannt. Diese Diskusvariante besitzt eine orange-gelbe Körpergrundfärbung, die mit türkisen Linien gezeichnet ist und zusätzlich besitzen die Fische zahlreiche rote Punkte auf der Flanke.

Diese rotgepunktete grüne Zuchtvariante stammt aus Penang in Malaysia. Dieser Diskusfisch ist ein typisches Beispiel dafür, welche Erfolge man durch das Einkreuzen von Diskuswildfängen in die klassische, deutsche Türkislinie erreichen kann. Allerdings ist es erforderlich, die Nachzuchten der ersten Generation wieder mit den Wildfängen zurückzukreuzen, damit die roten Punkte der Grünen Wildfänge aus dem Tefé-Gebiet erhalten bleiben. Wird diese Rückkreuzung vorgenommen, dann sind sowohl die Anzahl der Punkte, als auch die Körperform wesentlich stärker verbessert worden, als dies bei den Elterntieren der Fall sein konnte.

Aus der Zuchtvariante Pigeon Blood aus Thailand wurden verschiedenste Farbvarianten gezüchtet. Hier sehen Sie bereits eine Kreuzungsvariante, die einen sehr hohen Körper und eine lange Beflossung besitzt. Die bei den Original Pigeon Blood stark vorhandenen, schwarzen Farbpigmente und die Türkis-Flecken sind bei dieser Nachzuchtvariante bereits völlig weggezüchtet worden. Ein solches Zuchtergebnis ist möglich, wenn normale Pigeon Blood Diskus mit ausgesuchten rotbraunen Diskusfischen gekreuzt werden. Durch Rückkreuzungsversuche ist es möglich, optimale Farbnuancen zu erzielen und diese auch zu stabilisieren.

Dieser fast flächig rote Alenquer Diskus wurde in Deutschland gezüchtet und von dort nach Asien gebracht. Solche auffällige Tiere können selbstverständlich zum Einkreuzen in die bestehenden rotgründigen Zuchtlinien verwendet werden, um die Farbe Rot noch stärker zu intensivieren. Die Farbe Rot spielt in der asiatischen Mentalität eine bedeutende und wichtige Rolle, so daß Rote Diskusfische immer höhere Preise erzielen werden. Dies ist sicherlich auch ein wichtiger Hintergedanke bei der Zucht von Marlboro Diskusfischen gewesen, denn mit den roten Marlboro Diskus sind stolze Verkaufspreise möglich. Bei den Marlboro Diskus ist es jedoch so, daß die Körpergröße und Körperform nicht immer befriedigend ist.

Dieser herrliche Rottürkis Diskus wird in Asien von seinem Züchter mit einem Marketingnamen belegt, und wird „Fire Cracker"
genannt. Angeblich hat der Züchter einen Wattley Blue Diskus mit einem Red Diamond Diskus gekreuzt, um diese herrliche
Diskusvariante zu erzielen. Allerdings darf man diesen Aussagen nicht immer hundertprozentig Glauben schenken, denn welcher
Diskuszüchter verrät schon gerne seine intimsten Geheimnisse, die es ihm ermöglichten, einen Ausnahmediskus zu züchten.
Zweifelsohne besitzt dieser Diskus eine ausgewogene runde Körperform, eine perfekte Beflossung und ein fantastisch schön gefärbtes
rotes Auge. So stellt man sich einen perfekten Rottürkis Diskus vor.

In Taiwan entdeckte ich diesen herrlichen Türkis-Diskus während einer Diskusshow. Auffallend ist seine orange-rote Körpergrundfarbe, die von einem perlartigen Türkismuster überdeckt wird. Auffallend sind auch die zahlreichen roten Punkte auf der Körpermitte, die möglicherweise daraus resultieren, daß hier Tefé-Wildfänge in der Generation davor eingekreuzt wurden. Diese interessante Farbzusammenstellung macht diesen Diskusfisch für den asiatischen Liebhaber zu einer außergewöhnlichen Schönheit und sicherlich würde der Züchter bei der Abgabe dieses Fischs einen hohen Preis erzielen. Die Schönheitsempfindungen zwischen Asiaten und Europäern differien selbstverständlich und was ein Asiate schön findet, muß bei einem europäischen Diskusliebhaber nicht unbedingt Verzückung hervorrufen. Die Geschmäcker sind einfach verschieden und das ist ja auch gut so.

Eine der letzten Diskuskreationen aus Thailand: Hier handelt es sich um eine Kreuzungsvariante aus dem Marlboro Red Diskus mit einem Grünen Wildfang aus dem Tefé-Gebiet, der zahlreiche rote Punkte besaß. Diese Art der Farbzeichnung mit den roten Punkten ist einmalig und sehr selten. Allerdings ist zu erwarten, daß diese Diskusvariante in Zukunft in größeren Mengen aus Thailand angeboten wird. Thailand war immer ein Diskusland, aus welchem große Mengen an Red Royal Diskus angeboten wurden. Diese in der Kurzform als „RRB"-Diskus bezeichneten Fische sind sehr preiswert und weltweit auch beliebt. Gelitten haben die Diskuszuchtbetriebe jedoch darunter, daß durch den Einsatz allzuvieler Antibiotika die Fische bei ernsthaften Krankheiten nicht mehr einfach behandelt werden konnten.

Aus einer Kreuzung von Pigeon Blood Diskus und Snake Skin Diskus gelang in Penang eine rote Snake Skin Variante. Bei den Snake Skin Diskus, die zuerst in Penang gezüchtet wurden, besitzen die Fische eine Schuppenzeichnung, die an die Schlangenhaut erinnert. Daraus resultierte auch der Name Snake Skin Diskus. Um solche Fische, wie hier gezeigt, zu züchten, bedarf es viele Jahre intensivster Zuchtarbeit, und über mehrere Generationen müssen die Fische immer wieder rückgekreuzt werden, um diese Merkmale zu stabilisieren. Zweifelsohne handelt es sich bei diesem Diskus um eine weltweit einmalige Diskusvariante.

Ein riesiger Red Perl Diskus aus Hongkong, dessen Farbe für Asiaten wunderschön ist. Die gold-gelbe Grundfärbung wird durch interessante rote Linien abgegrenzt und auch die Reste einer Türkiszeichnung sorgen dafür, daß dieser Fisch optisch interessant bleibt. Für Hongkong-Diskus ist die riesige Körpergröße und die hohe Kopfform geradezu typisch, denn in Hongkong werden solche High-Body-Diskus in fast allen Farbvarianten angeboten und erfolgreich gezüchtet.

Der Züchter Cheung Wai Shing aus Hongkong bezeichnet diesen Blue Diamond Diskus als „CH27". Völlig flächig blau überzogen ist diese Diskusvariante, die Hongkong Diskus so weltberühmt gemacht hat. Bei diesen flächig blauen Diskusfischen kommt es unbedingt darauf an, daß keinerlei Senkrecht- oder Querstreifung mehr vorhanden ist. Die neun Senkrechtstreifen, die für Diskusfische so typisch sind, wurden völlig weggezüchtet. Wert wird auch auf eine sehr hohe Körperform in Verbindung mit der extrem ausgezogenen Beflossung gelegt. Selbst bei diesem jungen Fisch sind diese Zuchtmerkmale schon überdeutlich zu erkennen. Besitzen diese Fische dann noch ein blutrotes Auge, zählen sie zu den absolut besten Diskus.

Aus Indonesien stammt dieser flächig blaue Diskus mit sehr heller, metallischer Färbung. Im Gegensatz zu der Variante aus Hongkong, besitzt dieser Diskus auf der Kopf- und Kiemenpartie noch einige Linierungen. Bei den Blue Diamond Diskus aus Hongkong muß diese Linierung fehlen. Auffallend ist auch bei diesem Diskus die perfekte Körperform und die hohe Beflossung, wie sie ja bei Wildfang-Diskus nicht ausgeprägt ist. Einen sehr schönen Kontrast bildet das kräftig rot gefärbte Auge. Auch die Augengröße im Verhältnis zur Körpergröße ist sehr gut und deutet darauf hin, daß es sich um einen perfekt gewachsenen Diskusfisch handelt.

Aus der Volksrepublik China stammt dieser große, flächig blaue Diskus. In China steckt die Diskushochzucht noch in den Anfängen, aber immer mehr fällt auf, daß qualitativ hochwertiges Zuchtmaterial vorhanden ist. In erster Linie stammen diese Zuchtlinien aus Hongkong, denn der Handel zwischen China und Hongkong florierte auch in den Jahren vor der Wiedervereinigung bereits bestens und es existierte sogar ein Schwarzmakt für Diskusfische.

Die Asiaten kauften aus allen berühmten Diskusländern auf, um ihre Zuchtstämme zu verbessern. So gelangte dieser Wattley Türkis-Diskus als Jungfisch nach Indonesien und wurde dort aufgezogen, um später zur Nachzucht zu schreiten. Form und Farbe sind sehr gut und auch das rote Auge beeindruckt. Mit solchen Türkis-Diskusfischen können die Zuchtfarmen Asiens heute noch sehr gut Geld verdienen, denn nach wie vor sind diese Türkis-Diskus die absoluten Massenfische, da sie leicht nachzüchtbar und gut verkäuflich sind.

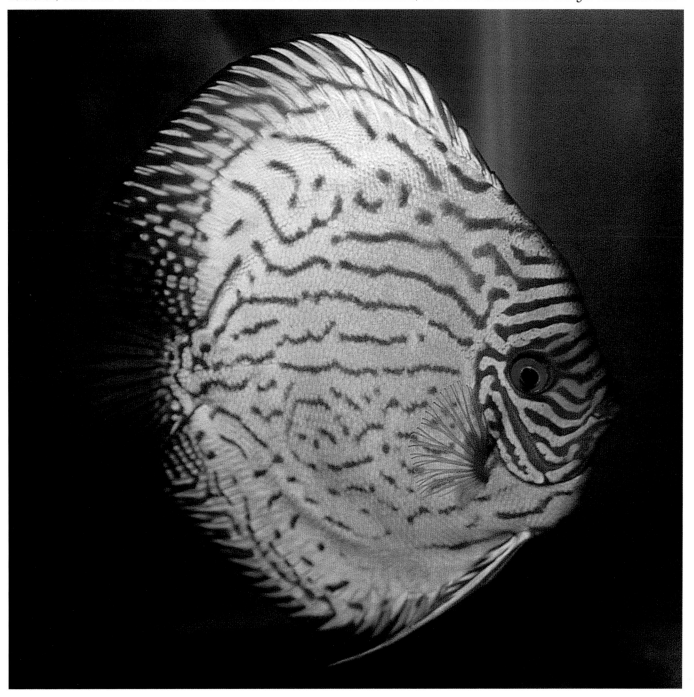

Dieser Snake Skin Diskus wurde in Thailand gezüchtet und in Singapur aufgezogen. Auffallend sind die sehr feinen Linierungen auf seinem schlangenhautähnlichen Körper. Durch diese besondere Zuchtvariante sieht das Schuppenkleid tatsächlich so aus, als ob es sich um Schlangenhaut handeln würde. Es ist äußerst schwierig, solche perfekten Snake Skin Diskus aufzuziehen und Sie sollten auch beachten, daß bei Snake Skin Diskus immer wieder versucht wird, die Senkrechtstreifen wegzuzüchten, bzw. die neun Streifen zu vermehren. So ist es bereits gelungen, Snake Skin Diskus mit dreizehn und vierzehn, anstelle von neun Senkrechtstreifen zu züchten. Verbessert werden könnte ein solch wunderbarer Fisch eigentlich nur durch eine kräftig rote Augenfärbung.

Diesen fein gezeichneten Snake Skin Diskus fand ich in Kitti´s Zuchtfarm in Thailand. Ein richtiger Klassiker ist dieser Diskus bereits geworden, aber leider gibt es bis heute noch keinen absolut verbindlichen Farbstandard für diese Fische. In der Form ist dieser Fisch etwas zu länglich, was möglicherweise auf eine frühere Krankheit schließen läßt. Im Stirn- und Maulbereich sind einige Löcher zu sehen, die als Krankheitssymptome gedeutet werden können. Es muß sich nicht unbedingt um eine Lochkrankheit handeln, denn manchmal gibt es aus verschiedensten Gründen Löcher im Kopfbereich, die aus einer Mangelernährung oder einem Parasitenbefall resultieren.

Als Jungfisch wurde dieser Snake Skin Diskus von Thailand nach Indonesien exportiert. Dort konnte er sich bei einem Diskuszüchter zu einem prächtigen Snake Skin entwickeln. Ausgewachsene Snake Skin Diskus in Topqualität aufzuziehen ist nicht unproblematisch, denn es bedarf schon einer genauen Auswahl bei den Jungfischen, um wirklich erstklassige Snake Skin Diskus zu bekommen. Dieser Snake Skin Diskus besitzt bereits dreizehn Senkrechtstreifen, was allerdings bei Snake Skin Diskus heute schon fast als normal bezeichnet werden kann. Hier sind die Senkrechtstreifen allerdings nur schwach ausgeprägt, da sich der Fisch offensichtlich sehr wohl fühlt.

Anfangs wurden ausschließlich türkisfarbene Snake Skin Diskus gezüchtet und erst nach und nach gelang es in kleinen Mengen, rotgründige Snake Skin Diskus zu züchten. Dieser rotgründige Snake Skin Diskus wurde in Taiwan fotografiert. Es ist durchaus möglich, daß die rotbraune Färbung durch den Einsatz von speziellen Farbfuttern verstärkt wurde. Verschiedene Züchter, über ganz Asien verstreut, arbeiten intensiv an der Stabilisierung eines roten Snake Skin Zuchtstamms, denn ein solcher perfekter roter Snake Skin Diskus würde wirtschaftlichen Erfolg bedeuten.

Diskuszucht in China - ein Riese erwacht

In China gibt es eine lange Tradition der Zierfischpflege und -zucht. Diesem Hobby wird schon viele Jahrhunderte in der chinesischen Kultur gehuldigt und am bekanntesten dürfte die Goldfischzucht sein, die seit mehr als tausend Jahren Bestandteil des chinesischen Alltagslebens ist. Von Generation zu Generation wurde die Tradition der Goldfischpflege weitergegeben und auch heute spielen Goldfische im Alltagsleben in China eine Rolle. In der Mitte unseres Jahrhunderts, als es in der westlichen Welt gerade einmal modern wurde, Zierfische als Hobby zu pflegen, entwickelte sich in den großen Ballungszentren Chinas wie zum Beispiel Peking, Shanghai, Tianjin oder Guangzhou eigene Märkte für dieses tropische Hobby. Leider dauerte die Faszination der Zierfischpflege und -zucht nicht lange, denn die Kulturrevolution in China zerstörte jedes außergewöhnliche Privatleben und die bestehenden Geschäfte wurden aus ihrem privaten Charakter herausgerissen und in Staatsbetriebe umfunktioniert. Es war schlichtweg verboten, individuelle, kleine Privatgeschäfte, wie zum Beispiel Zooläden, zu betreiben. So ist auch verständlich, daß zu dieser Zeit eine Diskuszucht auf privater Basis völlig unmöglich war. Aus diesem Grund startete die Diskus-Hobbyzucht in China erst viele Jahre später,

als die Kulturrevolution lange vorüber war und erst dann hatten die Hobby-Aquarianer wieder die Möglichkeit, sich um ihre geliebten Zierfische zu kümmern. Die Zeiten in China waren sehr turbulent, aber dennoch gelang es einigen Hobby-Aquarianern Braune Diskusfische in kleinen Mengen ins Land zu schmuggeln. Besonders aus Hongkong wurden solche Braunen Diskusfische nach China geschmuggelt. Diese ersten Diskusfische bildeten den Grundstock für die heute vorhandenen Diskusfische in China, wobei allerdings zu bemerken ist, daß nach der Normalisierung der Beziehungen zu Hongkong kurz vor der Machtübernahme, zahlreiche Türkis-Varianten nach China gebracht werden konnten. So ist es heute möglich, einen gewissen Diskusstandard in China vorzufinden, der sich etwa mit der Diskusqualität der 60er Jahre in Europa vergleichen läßt. In den letzten zehn Jahren hat sich der Lebensstandard in China stark verändert und allgemein geht es den Leuten heute besser. Diese wirtschaftlichen Auswirkungen schlugen auch voll auf das Hobby der Aquaristik durch. Heute gibt es einen regelrechen Aquaristikmarkt und in großen chinesischen Städten sind zahlreiche, teils sehr komplett eingerichtete, Zoogeschäfte zu finden. Mit zunehmender Verbesserung der wirtschaftlichen Lage des Ein-

Eine Rottürkis-Diskus-Gruppe, die in China gezüchtet wurden.

zelnen, steigt logischerweise auch der Bedarf an teureren Aquarienfischen. Angeführt wird diese Auswahl von exklusiveren Aquarienfischen zum Beispiel auch vom Diskus. Heute gibt es zahlreiche Aquarianer, die sich ein Diskusaquarium leisten können.

Die Stadt Guangzhou spielt die Hauptrolle

Der Stadt Guangzhou muß man bei der Betrachtung des chinesischen Diskusmarkts besondere Aufmerksamkeit widmen, denn in Guangzhou werden etwa 90 % der Diskusfische gezüchtet, die in China verkauft werden. In und um Guangzhou haben sich zahlreiche, kleine Diskusfarmen etablieren können und so ist ein regelrechter Diskusmarkt entstanden. Hier gibt es eine gute Infrastruktur und der besonders wichtige Versand von Zierfischen klappt schon einigermaßen gut. Gerade der Transport von Zierfischen in einem solch riesigen Land wie China ist nicht immer ganz einfach und kann die Ausbreitung eines Hobbys schon stark behindern. Guangzhou liegt näher bei Hongkong und dies begünstigte in der Vergangenheit immer wieder die Entwicklung eines Zierfischmarkts, denn Hongkong ist die Zentrale der Diskuszucht im chinesischen Machtbereich. Nach der Übernahme Hongkongs durch die Volksrepublik China hatte dies auch Auswirkungen auf den chinesischen Diskusmarkt. Obwohl nach wie vor Handelsbeschränkungen zwischen Hongkong und China bestehen und es auch kaum möglich ist, für Normalbürger aus China nach Hongkong zu reisen, läuft der Warenaustausch dennoch auf Hochtouren. Teils auf legalem, teils auch auf illegalem Weg werden Diskusfische von und nach China gebracht. In Zukunft wird die Diskuswelt sicherlich noch durch die eine oder andere chinesische Diskusvariante überrascht werden, und wir können uns schon auf die ersten chinesischen Diskusfische in unseren Liebhaberaquarien vorbereiten.

Ein typisches Braunes Zuchtpaar, wie es in China sehr gerne zu Zuchtzwecken verwendet wird.

Ein Albino-Jungfisch, der zufällig während der Reise durch China entdeckt wurde. Solche Fische entstehen immer durch Zufall.

Mit steigendem Lebensstandard haben die Aquarianer Chinas die Möglichkeit auch Gemeinschaftsaquarien einzurichten, die etwas mehr Kapital voraussetzen.

Haupteingang zur Golden Wave Fishfarm. Beachten Sie im Vordergrund links das stark lehmhaltige Wasser des kleinen Flusses, der an der Fischfarm vorbei fließt.

Bei einem Gesamtüberblick über die Fischfarm sind die zahlreichen Außenbecken zu erkennen, in welchen die üblichen Zierfische gezüchtet werden. Die Diskusfische befinden sich in den geschlossenen Räumen.

Diese jungen Frauen kümmern sich um die Diskuspflege.

Besuch in der größten Fischfarm Chinas - Golden Wave

Bis heute gibt es eigentlich keine größere Zierfischzuchtfarm in China, die sich ausschließlich auf die Zucht von Diskusfischen spezialisiert hätte. In den meisten Zuchtfarmen ist der Diskus nur ein Teil des bestehenden Zuchtprogramms und oft liegt der Schwerpunkt auf ganz anderen normalen Aquarienfischen. Je nach Eigenart der Zuchtfarm gibt es einen speziellen Fischmix, der davon abhängt, welche Fische der Markt am stärksten verlangt. Platz für Diskusfische wird in vielen Farmen nur beschränkt zur Verfügung gestellt, denn die Zucht der Diskus fällt nicht immer sehr leicht. Die Tatsache, daß andere Zierfische neben Diskusfischen gezüchtet werden, ist der wesentliche Unterschied zwischen einer typischen chinesischen Zuchtfarm und den sonst üblichen südostasiatischen Diskusfarmen, in denen in der Regel ausschließlich Diskusfische nachgezüchtet werden.

Die Golden Wave Fishfarm liegt am Fuße eines Gebirgszugs und somit in einer Gebirgsgegend. Von Regierungsseite wird die Golden Wave Fishfarm als die größte Zierfischzuchtfarm der Volksrepublik China eingeordnet. Die totale Größe der Zuchtfarm beträgt etwa 80.000 m². Der Manager Mr. Hsiu Bin Chiang stammt aus einer Familie, die eine lange Tradition von aquaristischen Vorkenntnissen hat. Er ist bereits seit über 30 Jahren im Zierfischbuisness und unter seiner Geschäftsführung entwickelt sich die Golden Wave Fishfarm immer besser.

Bis vor kurzem kümmerte man sich in der Golden Wave Fishfarm sehr intensiv um die Aufzucht von Koikarpfen und Goldfischen. Nachdem es jedoch mit den Diskusfischen immer aktueller wurde, verlagerte man einen Teil der Initiative in die Zucht von Diskusfischen. Ungefähr 300 m² wurden für die Zuchtaquarien von Diskusfischen reserviert und schnell wurden fünf Zuchträume mit jeweils etwa

Zur Aufzucht von Roten Mückenlarven wird Hühnerkot in Wasserbecken geworfen und so bildet sich ein idealer Nährboden für Rote Mückenlarven.

In diesen Netzen werden die Roten Mückenlarven aufgehängt und mit Wasser zur Reinigung überspült.

60 m² komplett mit Aquarien und Zubehör ausgestattet, um die anspruchsvollen Aquarienkönige erfolgreich nachzuzüchten. Interessanterweise werden die sechs Diskuszuchträume ausschließlich von weiblichen Mitarbeiterinnen betreut. Mr. Hsiu bevorzugt weibliche Mitarbeiterinnen, denn er ist davon überzeugt, daß sich diese viel intensiver um die schwierigen Details bei der Diskuszucht kümmern, als Männer dies tun würden. Wahrscheinlich glaubt er einfach, daß Frauen das bessere goldene Händchen besitzen, um Diskusfische zu züchten.

Das Wasser für die Zierfischfarm stammt aus einem Wasserreservoir, welches in den Bergen liegt. Dieses Bergwasser ist sehr weich und der pH-Wert liegt zwischen pH 6,0 und 7,0. Um dieses hervorragende Diskuswasser etwas altern zu lassen, genügen einige Stunden der Durchlüftung in einem Wassertank. Die Diskusaquarien befinden sich in beheizten Räumen, die mit einem einfachen Zentralheizungssystem, welches mit Kohle betrieben wird, beheizt sind. Dies ist zwar eine primitive Methode, jedoch sehr kostensparend. Überhaupt benutzen die meisten chinesischen Zierfischfarmen Kohle zum Heizen ihres Aquarienwassers. Als Hauptfutter werden in dieser Zuchtfarm die Lebendfuttersorten verfüttert, die die Umgebung anzubieten hat. Dabei handelt es sich um Lebendfutter wie Wasserflöhe und Rote Mückenlarven, die direkt in den Farmen gezüchtet werden.

Die Golden Wave Farm begann 1995 mit der Diskuszucht und importierte aus diesem Grund eine größere Anzahl von Diskusfischen aus Hongkong. Da man jedoch nicht wußte, mit den Fischen richtig umzugehen, kam es anfangs zu großen Verlusten. Heute ist es jedoch möglich, Dis-

kusfische problemlos nachzuzüchten und auch die Krankheiten zu beherrschen. So kommt es zu einem kontinuierlichen Ausstoß von Diskusnachzuchten, die auf dem örtlichen Markt sehr gut absetzbar sind. In erster Linie handelt es sich dabei um Farbvarianten, wie Türkis oder Brillanttürkis, sowie flächig blaue Diskus und natürlich die inzwischen stark eingeführten Pigeon Blood Diskus. Gerade die flächig blauen Diskusfische haben es den Züchtern in der Golden Wave Fishfarm angetan und sie favorisieren diese Diskuszuchtlinie. Dies wird bedeuten, daß in naher Zukunft größere Mengen dieser flächig blauen Diskusfische in China auf dem Markt erscheinen werden. Auch werden immer wieder Diskuswildfänge importiert, die in die bestehenden Zuchtlinien eingekreuzt werden sollen. Mit Diskuswildfängen versucht man selbstverständlich auch neue Kreuzungsvarianten zu erzeugen, die sich auf dem Markt besser verkaufen lassen.

Eine weitere Diskusfarm ist die Daibee-Fishfarm, die bereits 1992 mit der Diskuszucht begann. Vom Goldfisch kam man sehr schnell zum Diskus und in dieser Zuchtfarm werden tatsächlich schon brauchbare Qualitäten nachgezüchtet. Auch diese Zuchtfarm unterscheidet sich kaum von den üblichen chinesischen Zuchtfarmen, aber eine Besonderheit gibt es doch in der Daibee-Fishfarm, denn hier werden hauptsächlich Wildfangdiskus zur Weiterzucht verwendet. So gelang es erst vor kurzem Wildfänge mit roten Punkten zur Nachzucht zu bringen und einen Zuchtstamm dieser Variante aufzubauen. Hier wurde übrigens auch erstmals versucht, Diskusfische im freiliegenden Teichen nachzuzüchten, jedoch sind bis heute noch keine durchschlagenden Erfolge bei dieser ausgefallenen Zuchtmethode sichtbar.

In diesen großen Teichen können riesige Mengen von Lebendfutter abgeschöpft werden. Es lassen sich vor allem alle Arten von Mückenlarven, aber auch Wasserflöhe herausfangen, die dann an die Fische verfüttert werden.

Einblick in die riesige Zentralheizungshalle der Fischfarm, wo mit Hilfe von Kohlefeuerung die Zuchträume temperiert werden können. Die Verwendung von Kohle bietet sich in diesem, noch etwas unterentwickeltem Land besonders an.

Übliche Rottürkis Diskusfische, wie sie in der Golden Wave Fishfarm hauptsächlich für die Diskuszucht verwendet werden.

Dieser Türkis-Diskus entspricht der Vorstellung des typischen deutschen Türkis-Diskus, wie er in Südostasien auch heute noch in enormen Mengen nachgezüchtet wird.

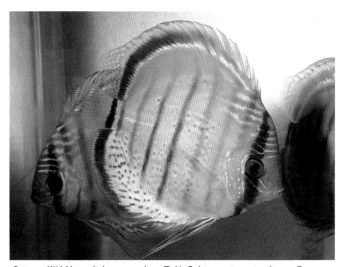

Grüner Wildfangdiskus aus dem Tefé-Gebiet, wie er in dieser Farm gehältert wird.

Als Wattley-Türkis wird diese Diskusvariante bezeichnet und selbstverständlich ist der Name Wattley noch immer sehr zugkräftig.

Ein hellbrauner, ja fast gelber Diskusfisch, dessen Farbmerkmale gefestigt werden sollen.

Dieser vollflächig blaue Diskusfisch ist die momentan beliebteste Variante und soll bevorzugt nachgezüchtet werden.

Seltsamerweise zählt dieser Braune Diskus in China zu den beliebtesten Diskusvarianten.

Links der Besitzer der Daibee-Fischfarm, Mr. Chan Yuk Kuen zusammen mit dem Manager der Golden-Wave-Fischfarm.

Sein fein gezeichneter Red-Spotted-Green mit vielen roten Punkten, die ein wirklich intensives Rot zeigen.

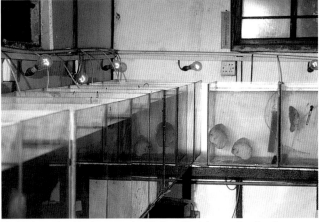

Einblick in den Zuchtraum der Daibee-Fischfarm, die allerdings zu den kleinen Hobby-Farmen Chinas gehört.

Eine Gruppe kreativer Hobbyzüchter

Es gibt eine Menge großer Fischfarmen in China, doch sie kümmern sich nicht unbedingt um die Diskuszucht, bzw. die Diskuszucht belegt nur einen Teil ihrer Initiativen. Die Zucht normaler tropischer Zierfische scheint wirtschaftlich viel effektiver zu sein, denn es werden riesige Mengen von normalen Zierfischen in China benötigt, um die Bedürfnisse der vielen Aquarianer zu befriedigen. Dies dürfte auch ein Grund dafür sein, daß die wahre Diskusqualität in China in den Händen einer kleiner Gruppe von Gelegenheitszüchtern liegt.

Normalerweise sind die Zuchträume in den professionellen Züchtereien überall ziemlich ähnlich. Üblicherweise wird das Zuchtwasser oder das Wasser zum Wechseln über den Aquarien in großen Pools gelagert. Von dort kann dieses gereifte Wasser direkt in die darunter stehenden Aquarien geleitet werden. Je nachdem wo sich die Farm befindet, kann es sich um ein einfaches oder technisch aufwendiges Leitungssystem handeln. In China wird das Aquarienwasser in der Regel mit Kohlefeuerung erhitzt und dabei bedient man sich entweder

Bereits mit 6 cm Größe, zeigt diese F_1-Generation eines Rio Ica Diskus etwas rötliche Färbung. Allerdings färben solche Diskusfische erst sehr spät aus.

Eine Gruppe der F_1 Rio Ica Diskus, die nur in der Beflossung etwas Rot zeigen.

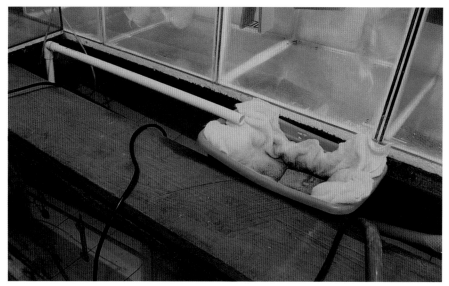

Ein einfacher Selbstbau-Vorfilter der täglich ausgewaschen wird und dessen Aufgabe die Entfernung von groben Futterresten ist.

Diese gepreßte Kohle wird zum Heizen der Zuchträume benutzt.

einer Raumheizung oder heizt die Aquarien einfach von unten mit Kohle an. Aus diesem Grund sind auch nur sehr selten Aquarienheizer zu finden. Elektrizität ist auch nicht überall in unbegrenzten Mengen, bzw. zu allen Tageszeiten verfügbar. Auch Kosten für eine Wasserfilterung werden erspart, indem man einfach öfters das Wasser wechselt. Am seltsamsten erscheinen dem Betrachter eines Diskuszuchtaquariums jedoch die Laichsubstrate, denn im Gegensatz zu den weit verbreiteten Grabvasen oder Blumentöpfen benutzt man in China eine Art selbstgeformten Ziegel mit Loch, der einfach in das Aquarium gehängt wird. Diese Ziegelteile werden von den Fischen akzeptiert und sobald abgelaicht wurde, nehmen viele Züchter die Eier mitsamt dem Ziegelstein aus dem Aquarium und überführen sie in ein kleines Aquarium. Haben sich die Eier dort entwickelt und beginnen die Larven zu schlüpfen, wird der Ziegelstein mit den zappelnden Larven einfach wieder in das Aquarium mit den Diskuseltern zurückgehängt. Die Elterntiere nehmen diese Larven problemlos wieder an und betreuen sie. Die Züchter wollen damit vermeiden, daß die Fische ihre Eier fressen.

Die professionellen chinesischen Züchter sind immer bemüht, die Kosten für die Fischzucht zu reduzieren. Deshalb verzichten sie auch auf den Einsatz von modernen Hilfsmitteln und dies aus Kostengründen. Ihnen gelingt es tatsächlich, mit viel weniger technischem Einsatz, dennoch ein gleichartiges Zuchtresultat zu erzielen, wie ihre hochtechnisierten Züchterkollegen in anderen Teilen Asiens. Daß dies tatsächlich so ist, sieht man am besten in den primitiven Filtersystemen, die hier benutzt werden. Diese primitiven Aquarieneinrichtungen zeigen aber auch, daß die chinesischen Züchter dennoch wissen, daß Aquarienwasser entsprechend behandelt werden muß und sie haben eben einfach aus ihren Möglichkeiten ihr ureigenstes System entwickelt.

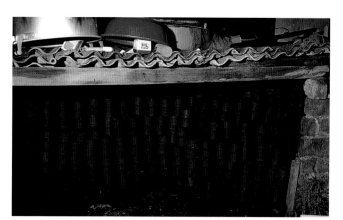

In jeder Zuchtfarm befindet sich ein großes Lager von Kohlestücken, damit die Heizung niemals ausgeht. Für uns kaum vorstellbar, mit welchen Mitteln hier gearbeitet wird.

Ein kreativer biologischer Filter der einfachsten Art. Mit Hilfe eines Luftschlauchs wird ein Wasserdurchfluß durch diese Filterwatte erzwungen und Schmutzpartikel bleiben in ihr hängen.

Ist dies nicht geradezu ein verblüffendes Design für einen Luftsprudler im Aquarium? Mit wenigen Schraubenumdrehungen kann die Luftmenge jederzeit verändert werden.

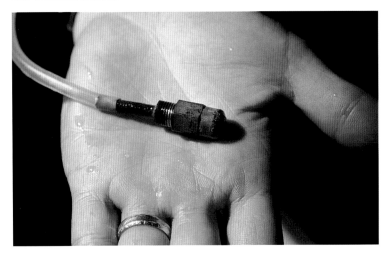

Eine einfache Art der Raumheizung ist dieser primitive Ofen.

Hier ist das typische Laichsubstrat chinesischer Züchter zu sehen. Der einfache Ziegelstein mit Löchern, der einfach in das Aquarium eingestellt oder eingehängt wird. Auf diesem Bild ist ein Gelege zu sehen, bei welchem die Diskuslarven gerade aus den Eiern geschlüpft sind. Wird das Gelege den Eltern wieder zurückgegeben, kümmern sie sich sofort wieder um die Larven. Die Gefahr des Auffressens der Larven scheint sehr gering zu sein, denn sonst hätte man diese Art der künstlichen Eientwicklung schon längst wieder aufgegeben.

Die „Luftschraube" im Aquarieneinsatz. Die Luftblasen sind zwar sehr grob, erfüllen aber im ungefilterten Aquarium durchaus den Zweck einer ausreichenden Wasserbewegung.

Einer der bekanntesten chinesischen Diskuszüchter ist Mr. Wong Wan Nam, dem als erstem die Rottürkis-Diskuszucht gelang.

Ein Red Pearl Diskus von Wong, der tatsächlich eine perlenähnliche Türkiszeichnung auf dem Körper besitzt.

Diese aus Alenquer-Diskus gezüchteten Rottürkis-Diskus sind auch als „Red Eddy" bekannt geworden und wurden nach dem berühmten deutschen Diskuszüchter Dr. Schmidt-Focke, dessen Vorname Eduard war, benannt.

Inzwischen gelang es mit Einkreuzungen noch intensiver rot gefärbte Red Pearl Diskus zu züchten.

Besondere Rottürkis-Diskus

Einer der ersten Diskuszüchter in China war Wong Wan Nam, denn er züchtet schon seit über 20 Jahren Diskusfische. Er hat sich auf beliebte Rottürkis-Varianten spezialisiert, die als Red Pearl, Rottürkis oder Alenquer sehr bekannt sind. Wie die meisten Diskuspioniere fing auch Mr. Wong mit den normalen türkisblauen Diskusfischen an. Nach drei Jahren bekam er ein tolles Preisangebot für seine Türkis-Diskus und er beschloß, sie alle zu verkaufen. Danach begann er aus Hongkong etliche Rottürkis-Diskus aus Deutschland zu importieren, denn diese deutschen Rottürkis-Diskus waren zur damaligen Zeit weltbekannt. So gelang es ihm, die erste Nachzucht von Rottürkis-Diskus in China aufzuziehen. Diesen deutschen Zuchtstamm besitzt Wong heute noch und er ist für diese erstklassigen Rottürkis-Diskus in China weit bekannt. Seine Rottürkis-Diskus gelangen sogar in den Export nach Hongkong.

Dieser „Super Alenquer Cross" besitzt einen braunen Körper mit intensiver Rot- und Türkisstreifung.

Der Diskuszüchter Chan Yiu Keung befaßt sich erst seit 1992 intensiv mit Diskusfischen.

Die Larven schwimmen an den Körpern der Eltern und fressen das Hautsekret. Bei diesem Pärchen handelt es sich um ein typisches Alenquer-Paar mit intensiver Rotfärbung.

Seine Favoriten sind deutsche Diskus

Chan Yiu Keung begann seine Karriere als Fischzüchter mit Koikarpfen vor zehn Jahren. 1992 wandte er sich dann den Diskusfischen zu und gerade die Rottürkis-Varianten wurden seine Favoriten. Er ist bis heute noch davon überzeugt, daß er ausschließlich echte, deutschstämmige Diskus besitzt. Alle seine roten Diskusfische wurden angeblich aus Deutschland importiert und er möchte diese Art von Diskus behalten und intensiv weiterpflegen. Um die Diskus jedoch weiter zu entwickeln, wird er in Zukunft nicht umhinkommen, neue Zuchtlinien einzukreuzen, um interessantere Farbvarianten zu züchten.

Die rotbraune Färbung dieses Diskusfischs überzieht fast den ganzen Körper, jedoch gehört er farblich mehr in die Richtung Golden Sunrise Diskus.

Nicht nur die Farbe dieses Diskusfischs ist sehr interessant, auch die Körpergröße ist verblüffend und hier kann man wirklich von einem kreisrunden Diskus sprechen.

Diese Art von Diskus sind typisch für die Zuchtanlage von Mr. Chan und solche Diskusfische können in großen Mengen auf dem lokalen chinesischen Markt verkauft werden.

Ein Kreuzungstier zwischen einer braunen und blauen Diskusvariante und mit diesem schönen Fisch gelingt Mr. Ho ein sehr guter Abverkauf.

Dies ist ein typischer brauner Diskus, der für unsere Verhältnisse etwas zu blaß ist, jedoch sind diese Varianten in China sehr beliebt.

Der Diskuszüchter Ho Kwan Charn

Sehr gut durchdacht ist der Diskuszuchtraum von Ho Kwan Charn, den er komplett selbst eingerichtet hat. Unter den Aquarien befinden sich Becken für die Aufbereitung des Zuchtwassers und hier sehen Sie auch die für China typischen Ablaichtafeln aus Ton, die einfach in das Aquarium eingehängt werden.

Ein talentierter Diskuszüchter

Sehr talentiert ist der Züchter Ho Kwan Charn, der bereits seit über 30 Jahren Zierfische züchtet. Während der sehr schwierigen Zeiten der Kulturrevolution war es verboten, Privatgeschäfte mit Zierfischen zu machen und er wurde mehrmals abgestraft. Doch dies hielt in nicht davon ab, immer wieder Zierfische zu züchten und so manche Nacht verließ er um 4 Uhr früh sein Haus, um Mückenlarven für seine Zierfische zu fangen. Mr. Ho ist ein typischer self-made-man und alles in seiner Farm wurde von ihm selbst entwickelt und auch selbst gebaut. Sein Diskuszuchtraum besitzt zwar nur 40 m², aber dennoch hat er die Möglichkeit, etwa 10.000 Diskusfische im Monat zu züchten.

Einer der typischen Law-Diskusfische, den die Brüder aus Pigeon Blood Diskus gezüchtet haben, wobei die schwarzen Farbzellen weitgehend zurückgedrängt werden konnten.

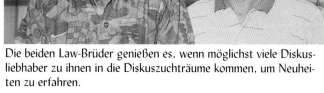

Die beiden Law-Brüder genießen es, wenn möglichst viele Diskusliebhaber zu ihnen in die Diskuszuchträume kommen, um Neuheiten zu erfahren.

Die Diskusbrüder

Jede Nacht ist das Haus der Law-Brüder voll mit Diskusfreunden, wobei sich besonders Anfänger darunter befinden, die Rat von den beiden Spezialisten haben wollen. Die Zuchträume der Law-Brüder sind tatsächlich ein Zentrum der Diskusfreunde geworden. Hier erfährt man die neuesten Ideen über Diskusfische und bekommt manchen Hinweis auf neue Produkte, denn in China muß viel mit Mundpropaganda verbreitet werden. Wenn irgendein Produkt auf den chinesischen Diskusmarkt kommt, sind die Law-Brüder sicherlich die ersten, die mit den neuen Dingen experimentieren und dann ihre Erfahrungen an andere Liebhaber weitergeben. Für sie ist die Diskuszucht ein echtes Hobby und sie genießen es, ihr Leben mit dem Diskus zu verschönern.

Pigeon Blood Diskus lassen sich momentan gut in China verkaufen, denn sie sind sehr widerstandsfähig.

Ein braunes Zuchtmännchen, welches mit einem Pigeon Blood Diskusweibchen verpaart wird. Das Männchen liefert sehr gut Sekret.

Einblick in den Zuchtraum, wobei auch hier wieder links ein Teil der Raumheizung zu sehen ist.

Typisches Brillant-Türkis-Pärchen vor seinem Gelege und hier sehen Sie auch den Abstandhalter für das Laichsubstrat.

Ein Geheimrezept der Law-Brüder sind diese pulverisierten Süßwassergarnelen aus einem örtlichen Fluß. Von diesem Futter versprechen sich die beiden eine sehr gute Wirkung auf die Fische.

In diesen gefliesten Becken soll das Wasser, welches für die Zucht verwendet wird, natürlich altern.

Obwohl ihm nur wenige Möglichkeiten zur Verfügung stehen, bemüht sich Pang Chi Yung sehr intensiv um die Zucht der Diskusfische.

Diskuszucht unter schwierigen Bedingungen

Das Haus von Pang Chi Yung ist sehr schmal und besitzt eigentlich nur 20 m² Wohnfläche und davon sind zwei Drittel der Fläche mit Diskuszuchtaquarien belegt. Diese Diskuszucht soll das Ehepaar Pang wirtschaftlich unterstützen und obwohl sie unter total beengten Verhältnissen leben müssen, sind die beiden sehr zufrieden mit dem was sie tun. Pang pflegt die sehr populären braunen Diskus und Pigeon Blood, aber er hat auch sehr erfolgreich Wattley-Zuchtformen aus dem ersten Tagen der Importe konserviert und besitzt eine Reihe von exzellenten Rottürkis-Tieren. Diese chinesischen Diskuszüchter haben nicht so viele Möglichkeiten wie wir, denn was das Zubehör und die Puplikationen betrifft, leben sie in einem Entwicklungsland. Auch haben sie nur sehr beschränkte Möglichkeiten, was die Auswahl der Zuchttiere betrifft und um so bewundernswerter ist es deshalb, daß sich diese Diskuszüchter mit dem König Amazoniens befassen.

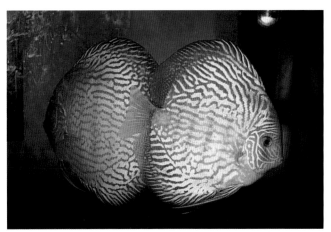

Ein Paar von Rottürkis-Diskus mit extrem hoher Körperform.

Zu den Lieblingsdiskusfischen von Pang gehört dieser Türkis-Diskus, dessen Urväter noch aus den ersten Wattleyimporten stammen.

Durch diese Drahtabrenzung werden die Eier vor den Eltern geschützt.

Das Diskusweibchen möchte sein Gelege natürlich bewachen, wird aber durch das Drahtgeflecht daran gehindert.

Immer wieder versucht das Weibchen die Eier zu erreichen, um auch die Larven herauszukauen.

Ein von der Form perfekter, braungründiger Pigeon Blood Kreuzungsdiskus, der für weitere Zuchtversuche verwendet wird.

Diese Kreuzungsvariante aus einem Rottürkis und einem Wattley-Türkis besitzt ein sehr interessantes Farbmuster und auch eine sehr schöne Körperform. Es ist erstaunlich, wie unter einfachsten Bedingungen solche perfekte Diskusfische aufgezogen werden können.

Der Traum vom Goldenen Diskus

Der typische Braune Hongkong-Diskus, wie er schon in frühen Diskusjahren gezüchtet worden ist.

Einer der Weltbestseller im Diskusmarkt ist der berühmte Blue Diamond Diskus.

Ein teurer Traum

In der Vergangenheit hatte Hongkong sich zu einer Führungsmacht in der Diskuszucht entwickelt. Der Export von Diskusfischen betrug mehrere Millionen US-Dollar und zu dieser Zeit war es sehr profitabel, Diskusfische in Hongkong zu züchten, denn diese konnten sehr leicht verkauft werden. Aus diesem Grunde wurden von vielen Diskusliebhabern Diskusfische gezüchtet, die sich gut verkaufen ließen. Somit versuchte man, besonders die beliebten Formen in größeren Mengen zu produzieren. Doch lassen Sie uns einmal versuchen, die Zeit zurückzudrehen und von den guten allen Tagen zu sprechen.

In den 50er Jahren wurden in Hongkong speziell Braune Diskusfische gezüchtet und in dieser Zeit konnte ein solcher Brauner Diskusjungfisch für 5 $ pro Stück verkauft werden. Dabei ist zu bedenken, daß der Lohn eines Arbeiters zu dieser Zeit nur etwa 150 Hongkong-Dollar betrug. Wir sprechen jetzt von Hongkong-Dollar, denn diese unterscheiden sich etwas vom US-Dollar, der um einiges mehr Wert ist. In den 60er Jahren kostete die-

ser gleiche Diskusjungfisch etwa 9 Dollar. Der Lohn der Arbeiter hatte sich zu dieser Zeit auf 300 Dollar verdoppelt. Während dieser Zeit kostete aber ein Zuchtpaar von Braunen Diskusfischen ohne Probleme 4.000 bis 5.000 Dollar. In den 70er Jahren kostete der gleich 5 cm große Jungfisch bereits 18 Dollar, aber der Lohn des Arbeiters war inzwischen auf etwa 1.600 Dollar gestiegen. Dies soll verdeutlichen, wie sich die Preise entwickelt haben. Natürlich ist der Diskus immer noch ein sehr teurer Fisch. In den alten Zeiten war Hongkong der bedeutendste Diskusmarkt gewesen und in den 70er Jahren begann sich dann alles zu ändern, als einige Züchter sehr erfolgreich die Braunen Diskusfische mit Türkis-Diskus kreuzten und diese Kreuzungsvarianten wurden sehr beliebt in Asien. In den 80er Jahren dann war es Zeit für neue Farbschläge und die typischen Wattley Blue Diskus wurden erstmals in Hongkong gezeigt und erzielten ohne Probleme Preise von 500 Dollar für einen Jungfisch. Etwa 1984 fiel der Preis für einen blauen Türkis-Diskus von 5 cm Größe dann auf 180 Dollar. Es waren also schon extrem teure Träume, die man damals von Diskusfischen träumen konnte.

Die hervorragenden Diskusfische aus Hongkong

Die wichtigste Zeit für Hongkong-Diskus liegt zwischen 1988 und 1992. In dieser Zeit gewannen die typischen Hongkong-Diskus die Herzen der meisten Diskusliebhaber wegen ihrer außerordentlichen Körpergröße und der Körperform. Natürlich gab es zu dieser Zeit auch in anderen asiatischen Ländern typische Diskusvarianten. In Malaysia wurde zum Beispiel der Emperor Geister Diskus gezüchtet, während Thailand die Pigeon Blood Diskus kreierte. Hongkong mußte also regelrechte Diskusschlachten mit seinen asiatischen Nachbarn führen. Dennoch konnte sich Hongkong mit seinen blauen Flächendiskus durchsetzen. Durch die Einfuhr typischer deutscher Zuchtlinien, wie Alenquer, Red Perl oder Ica-Diskus, gab es immer wieder neue Zuchtversuche. Endlich wurde dann die Geburtsstunde des „Blue Diamond Diskus" eingeläutet.

Natürlich dominierten in den 80er Jahren die blauen Diskusformen den Markt. In den frühen 80er Jahren gelang es Mr. Lo Wing Yat und Ng Ching Yung aus Wattley Türkis-Diskus und deutschen Flächen-Türkis-Diskus, die heute bestens bekannten Blue Diamond Diskus zu kreieren. Die Blue Diamond Diskus brachten die Hongkong-Diskus endlich an die absolute Spitze.

Mr. Lo Wing Yat begann mit Diskusfischen von Dr. Schmidt-Focke seine ersten Gehversuche. Durch die Freundschaft mit Dr. Schmidt-Focke gelang es ihm, einige 4 cm große Nachzuchten von Coari-Diskuswildfängen zu bekommen. Aus diesen Nachzuchten konnte er durch Einkreuzungen seine berühmten Red Spotted Green Diskus machen, die später auch als Red Diamond Diskus bekannt werden sollten.

1992 und 1993 überraschte Lo Wing Yat wieder die Diskuswelt mit seinen Tangerine Dream Diskus. Die verblüffende Eigenschaft dieser Diskusfische ist die schöne Körperfärbung. Hierfür benutzte Mr. Lo Wildfänge aus dem Alenquer-Gebiet und kreuzte diese mit Red Spotted Green Diskus. Die Tangerine Dream Diskus besitzen eine sehr starke orangefarbene Körpergrundfärbung und gerade die Japaner nahmen diese Diskusfische mit Begeisterung auf.

Mr. Lo hat auch sehr große Erfolge mit selbst importierten Wildfängen aus Manaus und wir können sicherlich noch einige neue Kreationen von ihm erwarten.

Die Diskuskreationen wie Blue Diamond, Red Diamond, Red Spotted Green, Tangerine Dream und weitere brachten Hongkong an die Spitze der Diskusnationen. In Hongkong etablierte sich auch eine Diskusvereinigung, die eine wichtige Rolle bei dieser Entwicklung spielte. Durch diese Diskusvereinigung konnten die Züchter Hongkongs sehr gute Kontakte zu anderen weltberühmten Züchtern aufbauen.

Durch die Diskusvereinigung Hongkongs wurden einige Wettbewerbe organisiert, an denen international bekannte Diskuszüchter teilnahmen.

Die Diskuskollektion der World Wide Fishfarm 96´

wir danken dem Pitcha-t Magazin   **Kommentare von Yukio Shimazaki**

WW43-Amazon Jade
F₁-Nachzucht von Grünen Wildfängen. Der Körper ist mit einem hellen Grün überzogen. Eine sehr vielversprechende Zuchtvariante für die Zukunft.

WR19LS Red Diamond Leopard Skin
Wie der Name vermittelt, erinnert das Schuppenkleid dieses Diskusfischs an ein Leopardenfell und es wurde durch das Kreuzen der gepunkteten Red Diamond und der Red Spotted Green kreiert.

WW46 & WR19LL-Flame of the Forest & Red Diamond Leopard Skin
Links ist ein Flame of the Forest genannter Diskuswildfang aus Amazonien zu sehen. Es ist ein perfekter Wildfang mit extrem seltener Farbkombination. Rechts der Red Diamond Leopard Skin Diskus.

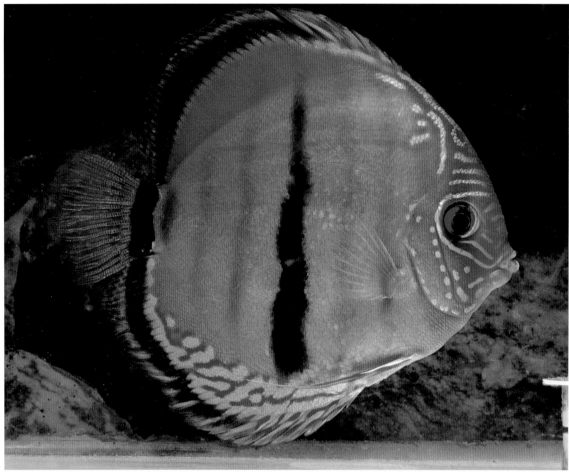

WW46H-Flame of the Forest Heckel
Ein sehr charismatischer Heckel Kreuzungsdiskus mit einer gelblichen Basisfärbung, aber auch einem typischen Wild-
fang-Heckelstreifen auf der Körpermitte.

WB35-True Blue
Die letzte Generation der Blue Diamond Diskus mit sehr lebhafter
Färbung.

WR13-Giant Red Turquoise
Ein vorzüglicher Rottürkis-Diskus mit hoher Körperform.

Dieser Snake Skin Diskus wurde aus Penang importiert.

Mr. Lee Hoi.

Der Zuchtraum in Lees Haus macht einen sehr gepflegten und sauberen Eindruck.

Einige Diskusjungfische mit guter Form.

In Diskusfische verliebt

Lee Hoi ist 65 Jahre alt und einer der älteren Diskuszüchter Hongkongs. Er erlebte die vielen Höhepunkte und Niederlagen der Diskusindustrie, aber so richtig hat er sich nie davon beeindrucken lassen. Er vertrat eine Politik der geschlossenen Tür und kapselte sich etwas von der Allgemeinheit ab. Ihm gelang es, einen Grand Champion bei einer Hongkong-Diskusshow zu gewinnen.

Er betrachtete die Diskusshow immer mehr als Hobby und nicht als Gelderwerb. Er ließ sich nie unter Zeitdruck bringen und somit konnte er sehr viel Zeit mit seinen geliebten Diskusfischen verbringen. Natürlich ist er interessiert daran, neue Farbschläge zu züchten und er bemüht sich vor allem, die Red Spotted Green zu verändern. Er kreuzt viele Diskusvarianten mit den Wildfängen, um dann an den Jungfischen Resultate zu sehen, die ihn interessieren. Natürlich benutzt er jetzt auch einige Pigeon Blood Diskus, die er mit Wildfängen einkreuzt. Würde ihm hier ein Erfolg gelingen, wäre dies sicherlich sehr interessant für ihn und für die Diskuszucht in Hongkong.

Ein interessantes Zuchtpaar aus einem Grünen Wildfangdiskus und einem Snake Skin Diskus.

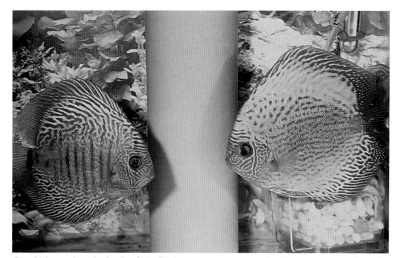

Der links stehende Snake Skin Diskus gewann einen der Hauptpreise während einer Diskusshow in Hongkong.

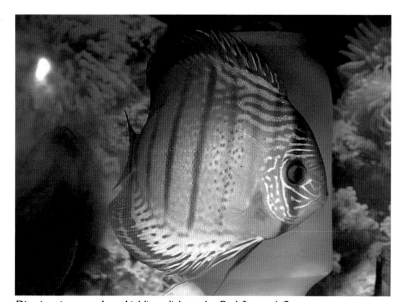

Dies ist einer von Lees Lieblingsdiskus, der Red Spotted Green.

Kreuzungsnachzucht aus Pigeon Blood Diskus.

Kreuzungsnachzucht aus Pigeon Blood Diskus und Grünem Wildfang mit roten Punkten.

Klein aber fein - Diskuszucht im sechsten Stock

Die nur 80 m² große Zuchtanlage von Lau Sing Lee liegt im sechsten Stock eines typischen Hongkonger Fabrikgebäudes, welches zahllose kleine Betriebe beherbergt. Lau züchtete die völlig blau überzogenen Diskusfische schon vor drei Jahren absolut makellos nach. Wichtig war, daß auch die Kiemendeckel völlig streifenlos blau überzogen waren. Durch diesen flächig blauen Diskus, stieg Laus Ansehen in Hongkong enorm an. Tatsächlich gab es in Hongkong zu dieser Zeit drei Versionen von reinen, flächigen blauen Diskus auf dem Markt. Einer davon war der Blue Diamond von Lo Wing Yat, der andere war der YL15 genannte Blaue Diskus der Yuen Lan Discusfarm und die dritte Variante war Lau Sing Lees Blauer Diskus.

Diese Blaue Diskusvariante ist sehr harmonisch im Gesamteindruck. Die feinen Schuppen erzeugen eine sehr stark reflektierende blaue Farbe. Als diese völlig blauen Diskusfische auf dem Markt kamen, überschwemmten sie sehr schnell den asiatischen Diskusmarkt, wo sie auch heute noch sehr beliebt sind. Lau kümmert sich heute stärker um Snake Skin Diskus, die er erstmals aus Penang erhalten hatte.

Mr. Lau Sing Lee ist ein sehr bekannter Züchter in Hongkong, obwohl seine Diskuszuchtanlage sehr klein ist.

Einblick in den Zuchtraum von Mr. Lau, der mit Aquarien regelrecht vollgestopft ist. Jeder Zentimeter an Platz wird hier ausgenutzt, um immer wieder ausreichend Diskusfische züchten zu können. Für Hongkong typisch sind die blauen über den Aquarien stehenden Filterkästen.

Dies ist die dritte Generation der Blue Cover Diskus mit der typischen Körperform. Die Stirn ist ziemlich hoch angesetzt und auch die Beflossung ist sehr stark ausgezogen.

Dieser Snake Skin zeigt bereits sehr hohe Rotanteile aber auch eine sehr feine Beschuppung. Durch die dunkle Körperfärbung bildet das rote Auge einen starken Kontrast.

Snake Skin Diskus mit starken Türkisanteilen.

Die flächig blauen Diskusfische sind in der dritten Generation sehr stabil und erbfest, was die Farbe und Form betrifft.

Dieser Snake Skin wurde aus Penang in Malaysia importiert. Dort befindet sich die Hochburg der Snake Skin Diskuszucht.

Mr. Lam Tik Man ist Besitzer einer sehr effektiv eingerichteten Zuchtanlage im Herzen von Hongkong.

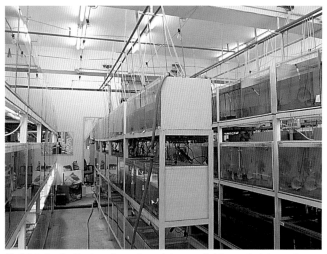

Einblick in die Zuchtanlage, in welcher auch bis zu drei Aquarien übereinanderstehen. Die Aquarien stehen dicht an dicht, was einen hohen Ausstoß an Diskusjungfischen mit sich bringt.

Diese rotbraune Variante nennt Lam „Sunset Red".

Typischer Red Spotted Green Diskus mit sehr heller, fast gelber Körpergrundfärbung.

Vom Liebhaber zum Profi

Vom Diskusliebhaber zum professionellen Züchter kam Lam Tik Man, als er bereits elf Jahre Diskusfische gepflegt hatte. Seine „Natur Discus Farm" besitzt 220 m² und ungefähr 300 Aquarien und damit zählt er zu den größeren Diskuszüchtern in Hongkong.

In der Zuchtfarm ist alles so eingerichtet, daß sich die Arbeiten sehr leicht durchführen lassen. Der Wasserwechsel wird je nach Zustand der Fische vorgenommen und ist nicht rein mechanisch. Der pH-Wert des Wassers beträgt durchschnittlich 6,5 bis 7,0. Am meisten Aufmerksamkeit widmet der Züchter der Fütterung seiner Diskusfische. Er füttert sie mit einem speziellen Fleischgemisch, welches hauptsächlich aus hellem Hühnerfleisch besteht. Er ist davon überzeugt, daß die Beflossung und die Körperform der Diskusfische bei dieser Fütterung wesentlich höher werden.

Diese F$_1$-Nachzuchtvariante von Alenquer-Diskus zeigt eine unnormale Senkrechtstreifung von elf Streifen gegenüber sonst neun üblichen.

F$_1$-Nachzucht von rotgepunkteten grünen Wildfängen mit sehr lebhafter Färbung.

Blue Diamond Diskus mit voll flächiger blauer Färbung. Dies ist ein Diskus mit besonders hohem Standard und bei vielen Blue Diamond Diskus ist das gelbe Auge akzeptabel.

Eine sehr schöne Körperform besitzt dieser klar gezeichnete Türkis-Diskus mit rotbraunen Linien, was ihn in die Kategorie Rottürkis einreihen sollte.

Für seine Kunden versucht Lam verschiedene Diskusfische zu kreieren, deren Farbe oder Form besonders eigenwillig sein soll. Da seine Kunden hauptsächlich aus Japan kommen, verlangen diese immer Spitzenqualität und ausgefallene Fische. Die kobaltblauen und flächig blauen Diskusfische stammen aus einer Kreuzung von blauen Wattley-Diskus und deutschen Brillant Türkis Diskus und angeblich benötigte Lam zehn Jahre der intensiven Zuchtauswahl, um zu diesen Ergebnissen zu kommen. Unter den roten Diskusfischen besitzt er eine rotbraune Variante, die er „Sunset Red" nennt. Hier wurden braune Diskus mit deutschen Alenquer-Diskus gekreuzt. Die Japaner lieben solche Fische mit orangefarbenem Körper sehr. Auch Snake Skin und Red Spotted Green Diskus spielen in dieser spezialisierten Diskusfarm eine große Rolle.

Eine eigentümlich violette Färbung zeigt dieser Snake Skin, der wohl sehr viel Türkis-Diskusblut besitzt.

Verliebt in Alenquer-Diskus

Mit 53 Jahren ist Henry Mak immer noch ein typischer Diskusfan der alten Schule, denn er bevorzugt nach wie vor nur rotgründige Diskusfische. Er ist auch einer der Pioniere, die rote Diskusfische von Deutschland nach Hongkong brachten. Irgendwie wurden durch ihn die Alenquer-Diskus und Red Pearl Diskus sehr populär gemacht. Henry begann mit der Pflege von Zierfischen bereits vor 30 Jahren. Vor zehn Jahren sah Henry zum ersten Mal Wattley Blue Diskus und Brillant Türkis und er war so fasziniert durch die Farben, daß er nicht mehr von ihnen los kam. Diese Fische sahen viel besser aus als die einfachen Braunen Diskus. Er kaufte sich Wattleys Dis-kushandbuch, welches in Deutsch übrigens auch im bede-Verlag erschienen ist und lernte einiges über die Diskuszucht. Schnell erfuhr er, daß die Diskuszucht die Spitze in der Süßwasseraquaristik darstellte und dieser Fakt ließ ihn nicht mehr los, bis es ihm endlich gelang, selbst Diskusfische nachzuziehen. Er kaufte Diskusfische aus allen Gegenden der Welt und schließlich war er davon überzeugt, daß die Diskus aus Deutschland wohl die besten waren. In den frühen 90er Jahren kaufte er die besten Fische von deutschen Exporteuren. Die Red Alenquer Diskus und die Ica Red hatten es ihm angetan. Bis heute ist es ihm aber noch nicht gelungen, einen Dis-kusstamm aufzubauen, der absolut zuverlässig die gewünschten Farben vererbt.

Henry Mak war einer der ersten Diskuszüchter Hongkongs, der sich ausschließlich um rote Diskus kümmern wollte.

Ein Paar kräftig rot gefärbter Diskus mit einem harmonischen Gesamteindruck. Die zarten blauen Linien im Flossensaum unterstreichen das kräftige Rot.

48

Es war immer der Wunsch von Henry Mak, einen rottürkisen Diskus zu züchten. Dies ist ein erstes Ergebnis seiner langjährigen Arbeit.

Nachzuchttier von Alenquer-Diskus, die bekanntlich ja erst sehr spät ihre rote Farbe zeigen.

Ein goldener Diskus, wie er aus Penang importiert wurde, um später in die Zuchtlinie eingearbeitet zu werden.

Sogenannte Ica Red Diskus mit außerordentlich hoher Körperform und intensiver Beflossung.

Der links abgebildete Red Pearl Diskus ist zwar noch sehr jung, zeigt aber bereits eine sehr hohe Beflossung.

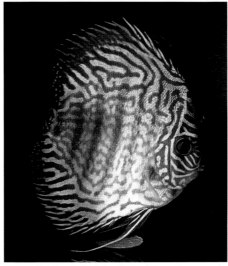

Dieser Diskus zeigt eine hohe Körperform und dies ist Zuchtziel.

Dieser perfekt runde Diskus stammt aus einer Manacapuru-Zucht-linie.

Hier ist deutlich zu sehen, daß ein Red Spotted Green Diskus ein-gekreuzt wurde, denn dieser herrliche Diskus besitzt zahlreiche rote Punkte.

Dieser Braune Diskus spiegelt sich im Glas des Aquariums. Er besitzt eine extrem hohe Beflossung.

Die beiden Diskusprofis Mr. Au Chi Sing und Mr. Fan Chi Kai leben Tag und Nacht mit ihren exzellenten Diskusfischen.

Ein artistisches Duo bei der Arbeit

Fan und Au sind bereits Partner seit über zehn Jahren und ihre Diskusfarm ist eine der größten in Hongkong geworden. Über 500 Aquarien und 1.000 m² sind die statistischen Zahlen dieser Farm, die in den New Terri-tories in Hongkong liegt. Eine solch große Diskusfarm kann heute nur noch außerhalb des Ballungszentrums installiert werden, da hier die Preise für die Mieten nicht so hoch sind. Die meisten Aquarien in dieser Zuchtfarm sind etwa 1,80 Meter lang, denn in so großen Aquari-en läßt sich nach Aussagen der Züchter viel einfacher hantieren. Somit unterscheidet sich diese Zuchtfarm deutlich von den anderen Farmen, wo die Aquarien meist wesentlich kleiner sind.

Die beiden Züchter sind fest davon überzeugt, daß Dis-kuszucht ein Beruf ist, und daß Diskuszüchter immer ein hohes Risiko tragen. Eine neue Diskuszuchtlinie zu kreieren ist immer ein kleines Kunstwerk. Es ist Zeit zu investieren und es bedarf eines gewissen Talents. Des-halb ist es wichtig, daß ein guter Züchter nicht nur Visio-nen, sondern auch Kreativität besitzt. In den vergangen zehn Jahren waren sie ohne Unterbrechung mit der Dis-kuszucht beschäftigt. Doch was machte es für sie mög-lich, ohne Unterbrechung Diskusfische zu pflegen und zu züchten? Für sie ist es wichtig, keinen Tag mit den Diskusfischen zu vermissen, denn jeden Tag haben sie die Möglichkeit, ihre Fische etwas besser kennenzuler-nen. Wie jeder andere kreative Beruf wird man nicht müde bei der Diskuszucht, immer daran zu denken eine neue Entdeckung zu machen, oder den Durchbruch zu erzielen. Für die Diskuszucht gibt es nach Auffassung der beiden Züchter kein Limit bei der Kreativität.

Ihre Diskusfavoriten sind alle Rottürkis-Varianten und sie möchten eine neue Form der Rottürkis-Diskus entdecken und diese Zuchtlinie unbedingt festigen. Für sie hat ein Rottürkis-Diskus eine klare Grundfärbung und diese kann nur durch aufmerksame Selektion erzielt werden. Um ihre herrlichen Rottürkis-Diskus zu züchten, verwende-ten sie immer wieder Diskuswildfänge zum Einkreuzen.

Dieser Diskus wird als Red Pearl Diskus bezeichnet und ich glaube, daß er zurecht diesen Namen besitzt, denn sein Körper ist übersät mit roten und türkisfarbenen Perlzeichnungen.

Ebenfalls sehr schön, aber auch sehr fein gezeichnet ist dieser Türkis-Diskus, der die Handelsbezeichnung „Hawaiian Red" bekam.

Einen herrlichen, perfekten Rottürkis-Diskus zu züchten, ist niemals einfach. Die beiden Züchter glauben, daß nur durch intensivste Zuchtarbeit solche Ergebnisse möglich sind.

Die Körperform dieses roten Diskus ist perfekt und interessant sind hier die sehr feinen, roten Punkte, die dieser Diskus zeigt.

Cheung Wai Shing und seine Frau kümmern sich sehr intensiv um den Betrieb ihrer Diskusfarm.

Die Welt der Diskusfische

Als im vergangenen Jahr die beiden Reporter des japansichen Fischmagazines Mr. Fukishima und Mr. Sato in Hongkong waren, um über Diskusfische zu berichten, fragte ich sie, welcher Diskuszüchter in Hongkong sie am meisten beeindruckte. Ihre Antwort war, Cheung Wai Shing. So erhebt sich die Frage: Was hat diese beiden Reporter dazu bewogen, ihn als einen der besten Züchter zu bewerten? Die Antwort findet man in seiner Diskusfarm.

In der etwa 1.000 m² großen Farm im vierten Stock eines unscheinbaren Gebäudes in Hongkong befindet sich eine sehr gut organisierte und bestens betriebene Zuchtfarm. Alles ist so ausgerichtet, daß es sich sehr leicht betreiben und kontrollieren läßt.

In dieser Diskusfarm wird sehr großen Wert auf die Qualitätskontrolle gelegt und schließlich sind die japanischen Kunden ja bereits sehr verwöhnt. Die Jungfische werden sehr früh von den Eltern entfernt und in kleinen Becken aufgezogen. Da die kleinen Diskusfische von frühester Jugend an einer ständigen Kontrolle unterliegen, sind sie in ihrer Erscheinungsform auch ziemlich gleich.

Sein als C27 bezeichneter Blue Cover Diskus ist ein Bestseller in Japan. Diese cobaltblaue Variante des Blue Diamond ist sehr hochflossig und besitzt vor allem einen sehr hohen Körper und ein knallrotes Auge.

Der sogenannte Blue Cover Diskus entspricht dem Blue Diamond Diskus und hier handelt es sich um die letzte Version von Cheung, die durch die hohe Körper- und Flossenform und die roten Augen auffällt.

In der riesigen Farm werden täglich in zehn großen Plastikeimern, Artemiakrebschen zum Schlüpfen gebracht und anschließend verfüttert.

Sehr helle Variante des Blue Cover Diskus, die in Japan sehr beliebt sind.

Die Besonderheit dieser Blue Cover Diskus ist die Beflossung.

Es ist der Traum vieler Diskusliebhaber, ein solches Pärchen zu besitzen.

Dieser Wildfang aus dem Coari-Gebiet zeigt sehr viele rote Punkte auf dem Körper und solche Fische sind in Südostasien sehr begehrt.

Ebenfalls aus dem Coari-Gebiet soll dieser Wildfang stammen und inzwischen laichen solche Diskusfische regelmäßig in der Zuchtanlage ab.

Cheung besitzt natürlich auch sehr viele gute Rottürkis-Diskus, denn diese gehören zum Standardsortiment einer Diskuszuchtfarm.

Ein Rottürkis-Diskus mit sehr vielen feinen roten Punkten auf der Körpermitte, was ihn relativ selten macht.

Etwas seltener sind natürlich die Snake Skin Diskus und hier wurden Braune Diskusfische eingekreuzt, um eine helle Farbe zu erzeugen.

Eine silberne Variante der Pigeon Blood Diskus, die für bestimmte Kreuzungsversuche verwendet wird.

Mr. Stephen Lee ist ein sehr engagierter Diskuszüchter.

Sehr gut organisiert ist die Junyo Discus Farm im Herzen Hongkongs.

Eine Diskusfarm mit 400 Aquarien

In Hongkong von einer Diskusfarm zu sprechen bedeutet immer, daß sich diese Farm in einem Gebäude befindet und nicht auf dem flachen Land. Auch die Farm von Stephen Lee ist typisch für Hongkong, denn sie befindet sich in einem Fabrikgebäude. Von Goldfischen kam Lee über Koi und Arowanas zu Diskusfischen. Er begann mit der Diskuszucht als Nebenerwerb und dies ist gerade erst vier Jahre her. Es war eigentlich mehr Freude als der Gedanke ans Geschäft.

Doch nach und nach wurden es 400 Aquarien und eine Fläche von 200 m². Seine Zuchträume sind sehr gut durchorganisiert und alle Aquarien mit Zuchtpaaren sind beschriftet. Er bezeichnet seine Diskusvarianten mit Codenummern, was ja viele Züchter in Südostasien gerne machen, um sich gegenüber ihren Mitbewerbern abzugrenzen und möglicherweise dem Kunden die Auswahl zu erleichtern.

Rottürkis-Diskus, die noch sehr viel Wildfangblut zeigen.

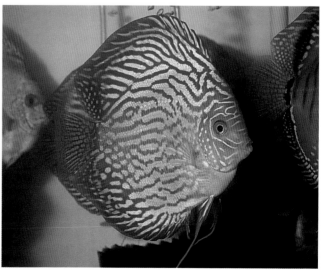

Dieser Fischtyp ist sehr gut zu verkaufen, denn die hohe Beflossung ist gesucht.

Sweet Temptation
Dieser Name steht für einen Diskus mit einer orangefarbenen Körperfärbung und einigen türkisen Linien.

Er gab niemals auf

Wayne Ng ist einer der bekanntesten Diskuszüchter in Hongkong. Sein Ansehen in Japan ist sehr hoch, denn er beliefert japanische Zoofachgeschäfte schon seit über sieben Jahren mit Diskusfischen. Seine Diskusvarianten können als sehr typische und harmonische Diskusfische bezeichnet werden. Er benutzt seine eigenen Handelsnamen, die für viele asiatische Züchter so typisch sind. Mit dieser Namensgebung will man einfach erreichen, daß der Kunde eine hohe Erwartungshaltung besitzt. Wayne ist ständig auf der Suche nach weiteren Diskusneuheiten und er reist auch gerne in der Welt herum, um nach Diskusfischen zu suchen.

Full Star Red
Der gesamte Körper des Diskusfisches soll ohne Türkiszeichnung sein und nur im Kopf- und Flossenbereich sind Türkislinien zugelassen.

Original Red Angel
Hier handelt es sich um eine Kreuzungsvariante aus Ica Red Wildfängen und dem Sweet Temptation Diskus. Die Jungfische bekommen in der Regel eine stärkere Rotfärbung als ihre Eltern.

Red Spotted Green Tefé
Dieser Fisch wurde zu Zuchtzwecken aus Japan importiert und es mußte ein hoher Preis dafür bezahlt werden. Es handelt sich hier um einen außergewöhnlichen Grünen Wildfang.

Giant Red Turquoise
Die F_1-Nachzucht aus einer Verbindung die den seltsamen Namen „Water Melon Red" und „Giant Pearl Red" erhalten hatte. Nach europäischem Empfinden einfach ein schöner Rottürkis-Diskus.

Golden Red Star Tefé
Durch Kreuzungsversuche mit Grünen Wildfängen entstand dieser gelbe Diskus mit einigen roten Punkten. Gerade durch das Einkreuen von Wildfängen lassen sich immer neue Varianten finden.

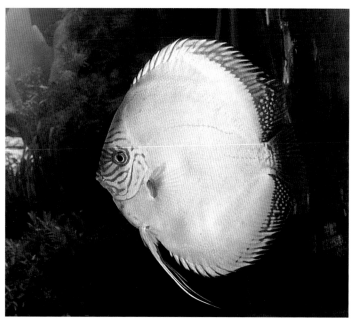

Blue Knight
Die Männchen dieser Diskusvariante konnten eine Größe von bis zu 25 cm erreichen und selbst die Weibchen wurden noch 20 cm groß. Ihr Wachstum läuft sehr schnell ab und sie erhalten dabei eine sehr hohe Körperform.

Angels Diamond
Im Jungfischalter erscheinen diese Diskusfische fast durchsichtig, transparent und die blaue Farbe beginnt sich langsam zu stabilisieren, wenn sie eine Größe von knapp 5 cm erreicht haben. Erst in einer Größe ab ca. 8 cm beginnt sich die blaue Färbung so durchzusetzen, daß die Fische schön aussehen. Es sind sicherlich schwierige Diskusfische, was die Hälterung und die Aufzucht angeht.

Reflection D
Ein Diskus mit einer besonders hohen Körperform und einer extremen Beflossung. In einer Größe ab etwa 8 cm werden die Jungfische nach diesen Merkmalen selektiert.

Blue Haven
Dies ist ein robuster, flächig blauer Diskusfisch, der sehr schnell wächst, aber schwierig nachzuzüchten ist. Diese Fischart ist sehr vererbungsstabil.

Ultra Blue
Ein klassischer Flächendiskus aus der Zucht von Wayne, der sehr einfach zu pflegen ist. Solche Diskus lassen sich in großen Mengen verkaufen, da sie preislich noch interessant sind.

Die Diskusfamilie

Kwok Man Lung hat schon sehr viele Preise bei Diskuswettbewerben gewonnen und selbstverständlich auch den Grand Champion in Hongkong. Seit acht Jahren beschäftigt er sich mit seiner Familie mit Diskusfischen und sie halten alle zusammen. Alle Familienmitglieder arbeiten in der Diskusfarm und profitieren vom erfolgreichen Verkauf. Diskusfische sind ihr tägliches Leben geworden.

Kwok machte seine ersten Diskusschritte mit Rottürkis-Diskus und sein Traum waren immer richtig rote Diskus, doch zu dieser Zeit gab es so etwas ja nicht. Erst durch die Alenquer und Red Pearl Diskus war es möglich, rote Diskusvarianten in die bestehenden Diskuszuchtlinien einzukreuzen. Kwok stellte ein Zuchtprogramm auf und die ersten Fische aus dieser Zeit sind immer noch in seinem Besitz. Er versuchte auch die Rottürkis-Diskus zu verbessern und möglichst feinlinige Fische zu züchten. Zur Zeit bemüht er sich mit der Einkreuzung von Wildfängen die Red Spotted Green Linie zu stabilisieren und ständig zu verbessern. Sicherlich wird in seiner Zuchtanlage in Zukunft noch einiges an Neuigkeiten zu sehen sein.

Kwok Man Lung mit seiner Frau und seinem Sohn, die beide bei der Diskuszucht behilflich sind.

Diese F₁-Nachzucht aus Wildfang-Tefé-Diskus zeigt mehr Punkte auf dem Körper als ihre Eltern. Dies ist ein sehr erfolgreiches Zuchtergebnis.

Dieser rote Diskus entstand aus einer Kreuzung von Ica Red Wildfängen und Alenquer Wildfängen, bei welchen der fünfte mittlere Senkrecht-streifen etwas verstärkt sichtbar war. Diese Verstärkung des Mittelstreifens ist auch bei den Nachzuchten noch deutlich zu sehen.

Diesen Diskus bezeichnen die Besitzer als „Fire Cracker" und er wurde aus Wattley Blue Diskus und Red Diamond gekreutzt.

Dieser Coari F_1-Nachzuchtdiskus hatte alle positiven Eigenschaften seiner Eltern übernommen. Auffallend ist die helle grüne flächige Körpergrundfärbung.

Dieser Snake Skin Diskus stammt aus Penang und wurde von dort importiert, um in die Zuchtlinien eingekreuzt zu werden.

Dieser Ica Red Wildfang wurde aus Deutschland importiert und dient ebenfalls zum Einkreuzen in bestehende Zuchtlinien.

Dieses Pärchen von Tefé-Green-Wildfängen der F_1 züchtet bereits erfolgreich nach.

Diese schöne Wildfangtier ist typisch für die Merkmale der Tefé-Wildfänge mit roten Punkten, die in Asien so beliebt sind.

Eine sehr teure Golden Diskus Nachzucht mit vielen roten Punkten auf dem Körper. Solche Fische sind nur sehr selten zu finden und äußerst schwierig zu züchten. Auch ihre Aufzucht bereitet erhebliche Schwierigkeiten, denn sehr schnell kommt es bei den Jungfischen zu Wachstumsstörungen.

Indonesiens Schritt in die Diskuswelt

Dieser Rottürkis, der auch als Perltürkis bezeichnet werden könnte, wurde in Indonesien gezüchtet. Auffallend ist die sehr feine Linierung. Vermutlich wurde ein Snake Skin Diskus eingekreuzt.

Ein aktiver Diskusliebhaber

Indonesien ist das Heimatland der Arowanas und diese Fische sind ja in Südostasien genauso beliebt wie Diskusfische. Indonesien ist aber auch bekannt für seinen Reichtum an Meerwasserfischen und zahlreiche Exporteure beliefern den Weltmarkt mit diesen Aquarienschönheiten. In den vergangenen Jahren gab es in Indonesien jedoch keinen Markt für Diskusfische und Diskus waren weitgehend unbekannt in den Aquarien der Indonesier. Doch plötzlich gibt es heute in Indonesien die weltgrößte Diskuszuchtfarm und das kann einen Diskusliebhaber doch verblüffen. Das Diskushobby entwickelte sich nur langsam und die Reise in Indonesien beginnt heute in Jakarta.

Aus Malaysia kam der silberfarbene Ghost-Diskus und in Indonesien gelang es, die goldene Färbung in diesen Zuchtstamm einzukreuzen. Der aktuelle Name für diesen Diskus beträgt „Golden Ghost".

Die indonesische Diskuszüchtergemeinschaft veranstaltet alle zwei Jahre einen Diskuswettbewerb, bei welchem die Sieger mit herrlichen Pokalen ausgezeichnet werden.

Mr. Hadi ist einer der bekanntesten indonesischen Diskuszüchter und er betreibt eine kleine aber sehr anspruchsvolle Zuchtanlage.

Einblick in den Zuchtraum von Mr. Hadi, in dem für die Aquarien ein Zentralfilter angeschlossen wurde.

Ein Red Royal Blue Diskus mit hoher Körperform und intensiver Beflossung. Solche Red Royal Blue werden seit vielen Jahren schon sehr erfolgreich in Thailand gezüchtet.

Jakarta ist die Hauptstadt Indonesiens und heute gibt es alle zwei Jahre in Jakarta eine Diskusshow mit tollen Pokalen als Preise. Der Diskuszüchter Hadi ist einer der aktiven Mitglieder dieser Diskusgemeinschaft. Seine Diskuszuchtanlage befindet sich in seinem Wohnhaus und auch sein Wohnzimmer ist mit zahlreichen Diskusaquarien belegt. Für seine kleine aber feine Zuchtanlage benutzt er ein Zentralfiltersystem, um das Wasser entsprechend aufzubereiten und zu stabilisieren. Eine solche Zentralfilterung ist relativ selten in Südostasien zu finden. Nur die Japaner benutzen ähnliche Systeme. Hadi versucht immer wieder von anderen berühmten Züchtern, außerhalb des Landes, Diskusfische zu kaufen und nach Indonesien zu bringen. Sein Traum ist es, einen typischen indonesischen Diskusfisch zu kreieren.

Dieser schöne Pigeon Blood Diskus wurde aus Thailand importiert.

Mr. Cheung Yuen Chang ist ein leidenschaftlicher Hobby-Züchter, der seine Diskusfische nicht des Verkaufs wegens züchtet.

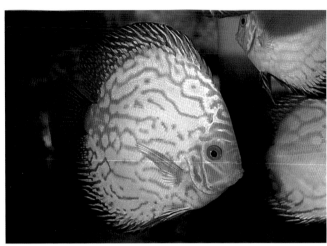

Ein herrlicher Pigeon Blood Diskus, dem die schwarzen Pigmentmerkmale der Pigeon Blood bereits weggezüchtet wurden.

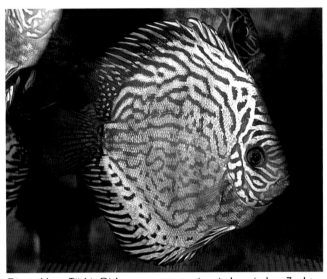

Dieser blaue Türkis-Diskus stammt aus einer indonesischen Zucht und wurde in dieser Anlage großgezogen.

Eine sehr hohe Körperform zeigt dieser Pigeon Blood Diskus.

Blaue Türkis-Variante mit feiner Linierung und sehr hoher Körperform.

Nur des Spaßes wegen

Cheung Yuen Chang ist ein Hobby-Züchter, der seine Diskusfische nur zu seinem eigenen Vergnügen pflegt und züchtet. Sein Garten sieht aus wie ein Minizoo, denn er pflegt auch Tauben, Hunde und viele andere Kleintiere. Er ist ein wirklicher Tierliebhaber und er sammelt die schönsten Diskusfische, die er irgendwo bekommen kann, zieht sie groß und freut sich an ihrem Wohlergehen. Red Royal Blue und Pigeon Blood kaufte er in Thailand und Singapur und er ist ganz zufrieden mit seiner Auswahl.

Ein sehr harmonisches Paar von Pigeon Blood Diskus, welches vor dem Laichsubstrat steht und dort bereits Eier abgelegt hat.

Diese Pigeon Blood Diskus haben die schwarze Pigmentierung bereits fast völlig verloren und zeigen jetzt eine sehr schöne, orange Färbung.

Solche orangefarbene Pigeon Blood Diskus werden sehr gerne in Indonesien gekauft und deshalb in großen Mengen gezüchtet.

Die Indo Alam Diskus Farm

Hier handelt es sich um eine sehr kleine Diskusfarm, denn in Jakarta ist das Leben sehr teuer und Raum steht nur beschränkt zur Verfügung. Die Diskusräume umfassen 80 m^2 und stellen damit ein typisches Beispiel für eine kleine Diskusfarm dar. Mr. Wong Jang Sing züchtet in erster Linie die sehr populären Formen der Pigeon Blood Diskus, aber auch Red Royal Blue Diskus aus Thailand. Er verkauft alle seine Diskusfische auf dem örtlichen Markt von Jakarta.

Hier sind in den Zuchtaquarien sehr deutlich die typischen zeltförmigen Laichplatten zu sehen.

Das gigantische Inti Aquarium

Medan ist die drittgrößte Stadt Indonesiens und liegt im Nordosten Sumatras. Von Jakarta benötigt man zwei Stunden mit dem Flugzeug, um hierher zu gelangen. Ein Drittel der Bevölkerung in Medan ist chinesischen Ursprungs und auch die Besitzer der Farm sind chinesischer Abstammung. Der Besitzer Yung Chi Keung des Inti Aquariums betreibt dies mit seinen Familienmitgliedern. Die Zuchtfarm liegt in einem Vorort von Medan und ist nur 20 Minuten vom Flughafen entfernt. Es ist tatsächlich die größte Diskusfarm der Welt, denn insgesamt umfaßt das Areal 5.000 m² und über 3.000 Aquarien befinden sich in seinem Inneren. Wenn man bedenkt, daß hier 40 Arbeiter rund um die Uhr mit der Zucht von Diskusfischen beschäftigt sind, kann man sich dieses gigantische Vorhaben wohl besser vorstellen.

Die beiden Söhne Yungs sind voll in die Arbeit der Diskusfarm integriert und kümmern sich um die Kunden aus aller Welt. Die Arbeiter sind sehr gut diszipliniert und dies alles trägt dazu bei, daß der Tagesablauf in dieser Farm recht gut organisiert scheint.

Früher hatten die Jungs ein Zoogeschäft in Medan und betrieben die Diskuszucht nur als Hobby. Doch vor sieben Jahren befaßten sie sich intensiver mit der wirtschaftlichen Seite der Diskuszucht. Als Lehrmaterial dienten ihnen zahlreiche Bücher und besonders Wattleys Diskushandbuch animierte sie, jetzt Diskusfische künstlich aufzuziehen. Es vergingen viele Monate des Versuchens und der Fehler, doch eines Tages gelang ihnen der Durchbruch bei der künstlichen Aufzucht. Schnell wuchs die Diskusfarm zur heutigen Größe heran und jetzt ist es ein gigantisches Unternehmen geworden.

Nicht nur die künstliche Aufzucht der Diskuslarven, sondern auch die Aufzuchtmethode bis zu einer Körpergröße von 5 cm in kleineren Aquarien trug zum Erfolg bei der Diskuszucht bei. Die Jungfische bleiben also bis zu einer Größe von 5 cm in Aquarien innerhalb der Räume. Erst später werden sie in große Betonbecken umgesetzt. In dieser Diskusfarm wird keinerlei Rinderherz oder anderes Rindfleisch verfüttert. Das Hauptfutter für alle Diskusfische ist ein Mix aus Fischfleisch und Shrimps, die mit Agar Agar abgebunden werden. Selbstverständlich werden Vitamine zugesetzt. Diese Art von Fischfutter habe ich noch in keiner anderen Fischfarm gesehen.

In dieser Diskusfarm befinden sich mehr als 1.000 Zuchtpaare, die wirklich jeden Tag Diskusjungfische züchten. Somit erscheint es überflüssig zu sagen, daß hier die kompletteste Kollektion aller Diskusvarianten, die heute erhältlich sind, zu sehen ist.

Die Familie Yung betreibt die größte Diskuszuchtfarm der Welt.

In diesen Außenanlagen befinden sich tausende von Diskusfischen, die hier beste Aufwuchsbedingungen vorfinden.

Schier endlos erscheinen die Reihen mit Zuchtaquarien und Zuchtpaaren.

Die Arbeiter werden genau überwacht und die einzelnen Abteilungen sind genau eingeteilt.

Unter den Aquarien befinden sich einfache Petroleumlampen, die manchmal benutzt werden, um die Wassertemperatur zu erhöhen.

Eine richtige Armee von Arbeitern kümmern sich um die Diskusfische in dieser weltgrößten Diskusfarm.

In diesem Aufzuchtraum entwickeln sich die Diskuseier und die Larven schlüpfen und werden während der ersten Tage mit einem speziellen Kunstfutter versorgt.

Durch ständigen Wasserdurchfluß werden die *Tubifex*-Würmer gereinigt, die eines der Hauptfutter dieser Diskusfische darstellen.

Auf diesem primitiven Herd werden die Shrimps und Fische abgekocht, bevor sie zu einem Futterbrei verrührt werden.

Eine neue Kreation des Inti Aquariums ist der vollflächige goldene Geisterfisch, der Golden Ghost genannt wird.

Dieser Braune Diskus ist wirklich sehr schön und harmonisch geformt.

Ein extrem hoher Ghost-Diskus

Ein rötlicher Snake Skin mit einer perfekten Körperform.

Diese F$_1$-Nachzucht von Red Spotted Green Diskus zeigen bereits sehr viele rote Punkte auf dem Körper.

Als Golden Diskus werden diese hellgelben Diskusfische bezeichnet, die durch Verpaarungen von Pigeon Blood und Braunen Diskus gezeugt werden.

Der typische Marlboro Red Diskus mit seiner starken rötlichen Färbung. Beachten Sie die Augengröße im Verhältnis zur Körpergröße.

Ein sehr hochflossiger, flächiger blauer Diskus, wie er in großen Mengen verkauft werden kann.

Dieser Marlboro Red zeigt noch nicht die typisch rote Farbe und es sind noch sehr viele Pigeon Blood Merkmale sichtbar.

Ein typischer, hoher Snake Skin Diskus aus dem Inti Aquarium.

Auf der Suche nach dem besten Diskus

Japans Diskusliebhaber wollen immer die besten Fische besitzen und hier zeigen wir Ihnen einige Beispiel aus Mr. Suharas Kollektion. Dieser Royal Blue zeigt eine sehr schöne, intensive rote Linierung. Vermutlich hat sich hier in der Natur ein Heckel-Diskus eingekreuzt.

Als Coari-Diskus wurden diese Grünen Diskusfische mit zahlreichen roten Punkten importiert. Es handelt sich hierbei ausschließlich um Wildfänge.

Klassischer Royal Blue mit sehr heller gelber Grundfärbung.

Obwohl ein Diskuswildfang, wird er als Red Spotted Green bezeichnet. Vermutlich handelt es sich um einen Tefé-Wildfang.

Schöne Diskuswildfänge sind für japanische Diskusliebhaber immer sehr interessant und ausgefallene Wildfänge erzielen in Japan höchste Preise.

Der weltgrößte Diskusmarkt

Japan besitzt den weltgrößten Diskusmarkt was hochklassige Diskusfische betrifft. In der reinen Fischanzahl rangieren die Japaner auf dem zweiten Platz hinter den Vereinigten Staaten von Amerika, als größte Konsumgesellschaft für Aquarienprodukte. In Japan besitzen Diskusfische einen sehr hohen Stellenwert, was sicherlich auch daran liegt, daß Japaner sich gerne mit ausgefallenen Artikeln schmücken. Sicherlich befinden sich heute die exklusivsten und schönsten Diskusfische in japanischen Händen. Ohne die Kauflust der japanischen Diskusliebhaber könnten die meisten südostasiatischen Diskusfarmen gar nicht existieren, denn nur an Japaner lassen sich Diskusfische zu extrem hohen Preisen verkaufen. Inzwischen mußte jedoch der japanische Diskusmarkt auch Rückschläge hinnehmen, denn die wirtschaftliche Entwicklung in Japan hatte auch negative Auswirkungen auf den Diskusimport. Heute werden zahlenmäßig wesentlich weniger Diskusfische importiert, als dies etwa um 1990 der Fall war. Dennoch gibt es in Japan regelmäßig Diskusmagazine und auch zahlreiche Diskusbücher. Die Flamme der „Diskussucht" brennt immer noch!

Der ernsthafte japanische Diskusliebhaber

Während meines Besuchs in Japan konnte ich sehen, daß sehr viele Japaner ernsthafte Enthusiasten sind, wenn es um ihre Diskusfische geht. Alleine die Tatsache, welche technischen Einsätze sie unternehmen, um das Wasser so optimal wie möglich vorzubereiten, verblüfft schon. Die japanischen Aquarianer sind sehr interessiert und wissendurstig und kümmern sich sehr genau um alle Belange, die Diskusfische betreffen; pH-Wert, elektrischer Leitwert des Wassers, die Wasserhärte, Nitratgehalte, all dies ist für Japaner kein Buch mit sieben Siegeln, sondern sie wissen genau Bescheid. Auch was das Füttern angeht, kümmern sie sich darum, ihren Diskusfischen das beste Futter anbieten zu können. Der japanische Diskusmarkt ist ein Wachstumsmarkt und trotz wirtschaftlicher Rückschläge wird er auch weiterhin ein ganz wichtiger Aquariensektor bleiben.

Einblick in Mr. Suharas Zuchtanlage, in welcher er zahlreiche Experimente vornimmt.

Ein biologischer Filter, den Mr. Suhara sich selbst zusammengebaut hat.

Ein Plastiktank um Wasser für die Zucht aufzubereiten und zu lagern. Solche Tanks besitzen die meisten Diskuszüchter.

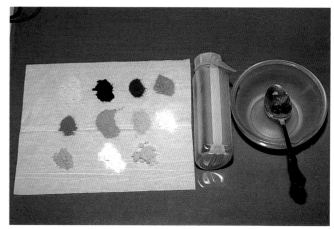

In sein Diskusfutter mischt Mr. Suhara verschiedene Vitamine, Gemüsepulver und Mineralien, um sie entsprechend anzureichern.

Umkehrosmoseanlagen ermöglichen es, das Wasser diskusgerecht vorzubereiten.

Mr. Minoru Suhara ist ein alterfahrener Diskusliebhaber und ein wirklicher Profi. In seiner modernen Diskuszuchtanlage gibt es zahlreiche Zuchtpaare und Suhara besorgt sich immer wieder neues Zuchtmaterial aus aller Welt. In all meinen Interviews mit japanischen Züchtern mußte ich feststellen, daß diese ausschließlich von international anerkannten Züchtern Diskusfische kaufen wollen. Solange die Qualität stimmt, sind die japanischen Diskuszüchter bereit, höchste Preise für die Fische zu bezahlen. Dies trifft auch während einer Rezession zu. Somit läßt sich sagen, daß der Absatz von absoluten Spitzendiskus in Japan nach wie vor ungefährdet ist.

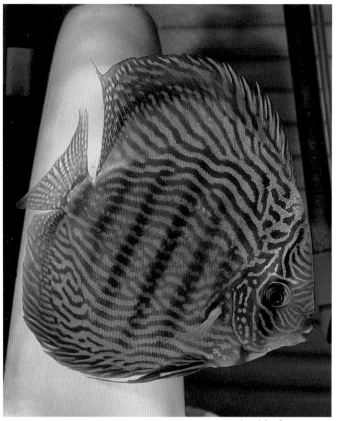

Schöner Rotturkis-Diskus mit hoher Körperform, den Mr. Suhara in Hongkong kaufte.

Ein Willischwartzi-Diskuswildfang, der sich sichtlich wohl fühlt und seine ganze Farbenpracht zeigt.

Diese Kunststofffilterbälle besitzen innen einen kleinen Schwamm, der die Bakterientätigkeit vergrößern soll.

Um die Filterleistung und den Nitratabbau zu verbessern, befinden sich Pflanzen im Filterkasten.

Mr. Ishikawa Shigeru ist nicht nur ein Diskusliebhaber, nein er interessiert sich auch sehr für schöne Hunde.

Dieses Zuchtpaar aus einem Braunen Wildfang und einem Manacapuru-Diskus hat gerade geschlüpfte Larven am Laichkegel heften.

Brauner Diskus und Grüner Wildfang.

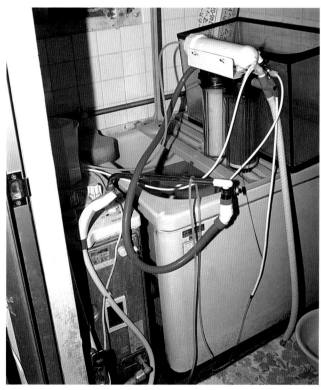

Die japanischen Aquarianer kaufen nur das beste Zubehör und achten hierbei wirklich auf Qualität.

Mr. Seki Kooji in seinem Diskuszuchtraum.

Mr. Haraoka Masaki in seinem Diskusraum.

Lo Wing Yats Diskusfische sind in Japan sehr beliebt und hier sehen wir einen typischen Red Spotted Green aus seiner Zucht.

Hier ist zu sehen, daß die Japaner sehr viel Technik bei ihren Aquarien einsetzen und selbstverständlich müssen alle Aquarien beheizt werden.

Ein sehr schönes Paar, welches Lo Wing Yat „Flame of the Forest" nennt. Sie stammen von Alenquer Wildfängen ab.

Die bläulichen Türkis-Formen sind in Japan sehr beliebt und auch der flächig blaue Blue Diamond Diskus findet in Japan rasenden Absatz.

Der Heckel-Diskus bleibt
die große Ausnahme

Diese natürliche Heckelkreuzung stammt aus Brasilien und ist bei Züchtern sehr beliebt, da interessante Zuchtversuche unternommen werden können.

Das Charisma des fünften Streifens

Diskuswildfänge zur Zucht zu bringen, war für Diskusliebhaber immer ein Traumerlebnis und das größte Erlebnis dürfte wohl die Zucht eines Wildfangpaars von Heckel-Diskus bleiben. Es gab in der Vergangenheit einige Erfolge bei der Heckel-Zucht, aber nach wie vor ist es schwierig, den entscheidenden fünften Körperstreifen in die Nachzuchten hinüberzubringen.

Ein spezielles Geschenk der Mutter Natur

Schon lange wurde geglaubt, daß es in der Natur eine Unterart der Heckel-Diskus gibt, die als *Symphysodon discus willischwartzi* beschrieben wurden. Diskusfische dieser Unterart sollten einen üblichen fünften Mittelstreifen besitzen, aber die Körperfärbung sollte hellgelb sein und einige blaue Streifen besitzen. Insgesamt ist dieser Heckel dann wohl etwas schöner als die üblichen Heckel, die wir sonst kennen. Doch die Frage muß heute lauten: Gibt es diesen Fisch tatsächlich, und wenn, wie konnte er in der Natur entstehen?

Man sollte sich zuerst einmal mit den natürlichen Möglichkeiten im Amazonasgebiet befassen. In der Umgebung von Manaus gibt es verschiedene Diskusvarianten wie zum Beispiel den Heckel-Diskus, *Symphysodon discus,* oder den Blauen Diskus, *Symphysodon aequifasciatus haraldi.* Aber auch der angebliche Willischwartzi Diskus wurde hier gefangen. Heckel-Diskus kommen fast ausschließlich im Rio Negro-Gebiet vor, während die Blauen Diskus im Rio Purus, Rio Manacapuru und Rio Uruari gefangen werden. Der Willischwartzi-Diskus stammt wohl eher aus dem Rio Abacaxis und dem Rio Curuim. Wenn wir uns die geographischen Gegebenheiten des Landes einmal anschauen und die Fundorte dieser Diskusfische, dann könnte leicht verstanden werden, daß der Willischwartzi-Diskus eine Kreuzungsvariante ist. In der Natur und natürlich auch im Aquarium können alle Diskusfische miteinander verpaart werden. Bei Willischwartzi-Diskus scheint auch der Braune Diskus eingekreuzt zu sein, denn dieser Diskus zeigt doch sehr viele Merkmale eines Braunen Diskus. Jedenfalls bleiben Diskuswildfänge und ganz besonders Heckel-Diskus immer etwas spezielles für den Aquarianer und sie fordern uns täglich aufs neue heraus. Gerade die Nachzucht des Heckel-Diskus ist äußerst schwierig, denn diese Fische verlangen einen sehr niedrigen pH-Wert. Sollten Sie sich für Heckel-Diskus interessieren, müßten sie diesen unbedingt in Ihrem Aquarium einen pH-Wert von unter 5,5 anbieten können. Für die Zucht ist es sicherlich nötig, den pH-Wert nochmals um einiges abzusenken und etwa auf 4,5 einzustellen. Allerdings ist das sehr weiche Aquarienwasser mit niedrigem pH-Wert sehr instabil und schwierig zu managen. Es gehört also schon eine gehörige Portion an Erfahrung dazu, um Heckel-Diskus das ideale Aquarienwasser zu bieten und sie sogar eines Tages erfolgreich nachzuziehen.

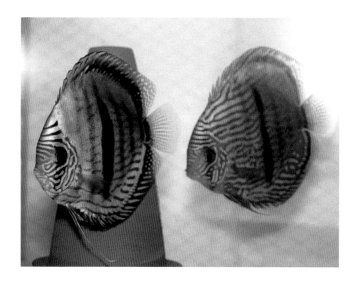

Der Import von Heckel-Diskus wird durch die Bedürfnisse der Fische, den niedrigen pH-Wert betreffend, sehr erschwert. Schädigungen sind programmiert, wenn in der Transportkette der pH-Wert über 6,0 ansteigt. Selbst im Heimatland Brasilien kommt es immer wieder vor, daß die Fänger beim Heimtransport der Heckel-Diskus Wasser zum Wechseln verwenden, welches nicht mehr aus dem Rio Negro Gebiet stammt. Dann werden die Fische plötzlich mit zu hohen pH-Werten konfrontiert und es kommt bei diesen Transporten zu großen Ausfällen.

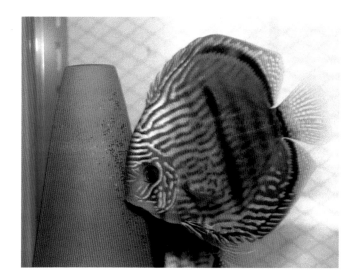

Gerade die Befürfnisse der Heckel-Diskus sind noch viel zu wenig bekannt und daraus resultiert auch die Tatsache, daß sie sehr schwer nachzuzüchten sind. Auch im Heimaquarium gelingt die Nachzucht nur, wenn der pH-Wert abgesenkt wird. Ein pH-Wert zwischen 4,0 und 5,0 ist für die Nachzucht ideal, aber in weichem Aquarienwasser auch nur sehr schwierig zu halten. Das weiche Wasser ist einfach zu instabil. Die Asiaten haben erkannt, daß es auch wesentlich einfacher ist, Zuchterfolge zu erzielen, wenn ein Wildfang-Heckel-Männchen mit einem belibiegen Nachzuchtweibchen verpaart wird. Diese Mischformen sind einerseits zwar abzulehnen, andererseits entsprechen sie aber genau den Bedürfnissen der asiatischen Züchter, die ja so gerne mit Diskusfischen Zuchtversuche betreiben.

Dieses Kreuzungspärchen mit seinen typischen Heckel-Streifen konnte bereits erfolgreich nachziehen und zahlreiche solcher Kreuzungsversuche sind inzwischen auf dem Markt.

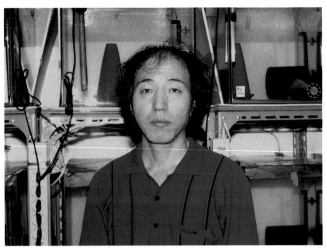

Der koreanische Züchter Mr. Kim Young Gak hat sich der Zucht
der Heckel-Diskus verschrieben.

Auf der Suche nach dem Heckel-Streifen

Die Korea Discus Company von Mr. Kim Young Gak ist
eine Stunde von Seoul entfernt, in einem kleinen Städt-
chen namens Inchon City. In einem Fabrikgebäude befindet sich die Diskusfarm mit 120 m² Fläche. Im Moment
schein Mr. Kim der einzige, professionelle Diskuszüchter in Korea zu sein, denn er befaßt sich schon
seit über zehn Jahren mit der Diskuszucht. In den vergangen sieben Jahren konnte Mr. Kim Erfolge bei der
Zucht von Heckeltypen aufweisen. Während der Diskusshow in Penang konnte er mit seinen Heckel-Kreuzungen so manchen Diskuszüchter verblüffen. Durch
diese Öffentlichkeitsarbeit wurde sein Name sehr schnell
in Südostasien bekannt. Auch im japanischen Fischma-
gazin wurden seinen Heckel-Kreuzungen bereits vor-
gestellt. Das besondere an Mr. Kims Heckel-Diskus ist
die Tatsache, daß alle Nachzuchtfische den fünften,
dunklen Streifen zeigen und dies selbst noch nach drei
Generationen. Kim hat also tatsächlich diesen Heckel-
Streifen stabilisieren können und er nennt seine Kreu-
zungsfische „Mirage-Discus".

Laut seiner Aussage ist der pH-Wert in seinen Aquarien sehr niedrig. Der pH-Wert bewegt sich ständig in
einem Bereich von 4,5 bis 5,0. Nur in den Aufzuchtaquarien wird der pH später auf 6,5 pH angehoben.
Er glaubt, daß der pH-Wert für die Zucht von Wildfangdiskus extrem wichtig ist. Bei den Teilwasserwechseln
in den Zuchtaquarien wird täglich ein Drittel des Aqua-
rieninhalts gewechselt und bei den Jungfischen, die auf-
wachsen sollen, wird sogar täglich einmal der komplette
Aquarieninhalt ausgewechselt. Die Temperatur wird auf
28 °C eingestellt. An Filtermaterial verwendet Kim meistens nur einen sehr einfachen Schwammfilter.

Er begann mit seiner Diskuszucht mit Diskuswildfängen
und kreuzte ein Männchen von Blaukopf-Heckel mit einem
Weibchen von Blauen Diskus aus dem Manacapuru-
Gebiet. Die F_1 und F_2-Nachzuchten werden rückgekreuzt
mit dem Blaukopf-Heckel und stellten so die F_3-Genera-
tion dar. Durch diese Rückkreuzung wurde die Zuchtlinie relativ gut stabilisiert. Inzwischen kreuzt er auch ein
F_2-Nachzuchtweibchen mit einem Willischwartzi-Heckel-
Wildfangmännchen und alle Nachzuchten zeigen den typischen Heckel-Streifen und eine kräftige, gelbe Grundfärbung. Nebenbei züchtet Mr. Kim auch noch die herrlichen Blue Diamond Diskus und natürlich den Red Spotted Green. Vielleicht gibt es ja eines Tages eine weitere
Überraschung, wenn er vielleicht den Blue Diamond mit
dem Heckel gekreuzt hat.

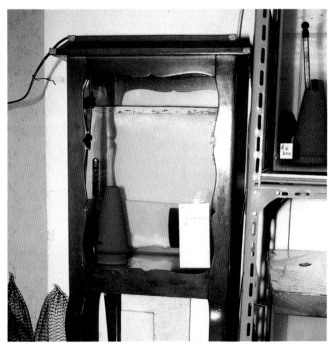

Ein alter antiker Aquarienschrank, der immer noch in Benutzung ist.

In diesen kleinen Aquarien werden die Jungfische aufgezogen, darunter befindet sich eine Zuchtanlage für *Artemia*-Shrimps.

Dieses Bild beweist, daß alle Jungfische den typischen Heckel-Streifen besitzen.

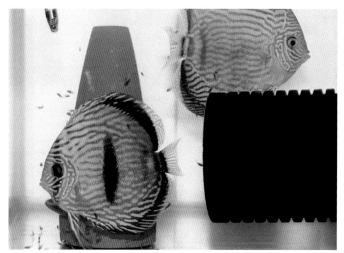

Ein Pärchen der Mirage-Diskus beim Führen der Jungfische.

Links das F_2-Weibchen aus Kims Zucht, rechts der Heckel-Wildfang Mann des Willischwartzi-Typs.

Auch Blue Diamond Diskus werden hier nachgezüchtet.

Das Wunder von Malaysia

In den vergangenen Jahren wurden zahlreiche Diskuswildfänge nach Penang eingeführt, um neue Diskusvarianten zu züchten. Diese Red Spotted Green Discus sind von guter Qualität, wobei hier der linke Fisch ein Wildfang ist und der rechte bereits in Penang nachgezüchtet wurde.

Der Original Geister-Diskus aus Malaysia.

Die Diskushochburg Penang

Penang ist die Diskushochburg in Malaysia. Hier gibt es parallel zu Hongkong eine lange Tradition in der Diskuszucht und in den letzten zehn Jahren boomte dieser Markt wie noch nie zuvor. Die meisten Züchter hier sind chinesischer Abstammung und ihre Zuchtanlagen befinden sich außerhalb der Gebäude, sie sind nur mit Blechdächern abgedeckt, aber nach außen hin offen. Meistens werden zehn bis 100 Aquarien einfach vor das Haus gestellt und mit einem Zaun gegen die Nachbarschaft abgegrenzt. Die Züchter nutzen ihre natürlichen Vorteil, den die Insel bietet, bei der Diskuszucht voll aus, und dies ist das warme Klima. Während zum Beispiel in Hongkong das Wasser geheizt werden muß, können die Züchter Penangs auf Aquarienheizungen getrost verzichten. Das ganze Jahr über haben sie ideales Diskuszuchtklima vor der Haustür. Das einzige technische Gerät, welches die Züchter in Penang einsetzen, ist ein Sprudelstein, der das Wasser mit seiner Luft in Bewegung hält. Übrigens verzichtet man hier auch auf die Laichtöpfe völlig und läßt die Fische einfach an der Aquarienscheibe ablaichen. Erscheint dies auch im ersten

Riesige Mengen von Wasser werden täglich in den Diskusfarmen gewechselt.

Einblick in eine typische Diskusfarm in Penang.

In diesen Wasserbehältern wird das Wasser vor dem Wechseln gelagert.

Die Züchter in Penang wechseln täglich etwa 100 % des Aquarienwassers.

Augenblick so, als wenn die Aquaristik in Malaysia sehr primitiv wäre und vielleicht verfällt man dann dem Gedanken, daß auch die Diskusqualität nicht so gut sein kann? Doch dann muß man sich schnell eines besseren belehren lassen.

Vor sieben Jahren etwa begann eine Anzahl japanischer Diskushändler mit einem Aufkaufprogramm in Penang. Unter der Schirmherrschaft dieser Japaner wurde auch das erste Diskuschampionat in Penang durchgeführt. Auch konnten einige Japaner in Penang eine eigene Zuchtanlage aufbauen lassen, um diese Fische dann später erfolgreich nach Japan zu exportieren. Sehr schnell entwickelte sich Penang mit all seinen positiven Voraussetzungen zu einer Drehscheibe der Diskuszucht. Vorteile waren und sind die ideale Wasserqualität, das ausgeglichene Klima, aber auch eine politische Stabilität, sowie günstige Arbeitskräfte und preiswertes Land. Auch

die Tatsache, daß Penang einen internationalen Flughafen besitzt, ist der Diskuszucht sehr förderlich, denn von dort können die Diskusfische preisgünstig in alle Welt verschickt werden. Alle diese Faktoren beschleunigten die Diskuszucht und die zahlreichen Vorteile gegenüber Mitbewerbern machten sich schnell bemerkbar.

Durch die niedrigeren Produktionskosten bleibt Raum für Experimente und dies ist sicherlich auch ein Grund, weshalb gerade in Penang immer wieder neue Diskusvarianten gezüchtet werden konnten. Ein gutes Beispiel hierfür sind der Geister-Diskus und der Blaukopf-Diskus oder der berühmte Snake Skin Diskus, die schnell Penangs Ruf für interessante Diskusfische in alle Welt trugen.

In Zukunft wird Penang weiterhin ein Schatzkästchen für Diskusliebhaber bleiben.

Dieser Golden-Discus zeigt eine kräftige Rotfärbung in den Flossen und entstammt einer Kreuzung aus gelben Diskus und braunen Diskus.

Braune Diskusfische mit blauer Gesichtspartie werden als Blue Face Brown Discus bezeichnet.

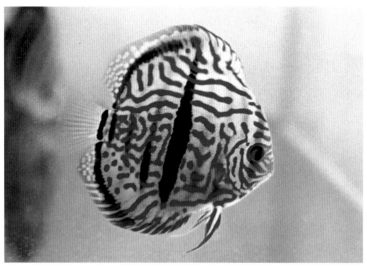

Diese Heckel-Kreuzung sieht sehr interessant aus und das Farbmuster erinnert schon an moderne Malerei.

Eine interessante Heckel-Kreuzung mit Larven.

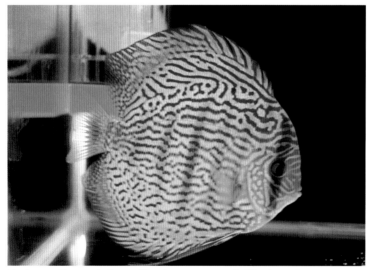

Fische aus Penang haben zahlreiche internationale Wettbewerbe gewonnen und auch dieser Türkis-Diskus ist ein Beispiel für die hohe Qualität.

Der klassische goldene Diskus von Penang.

Mr. Cheang Thean Ewe.

Die Diskusfarm liegt direkt am Meer und von der Wohnung im ersten Stock hat man einen herrlichen Ausblick.

Der Entdecker des Geister-Diskus

Cheang Thean Ewe ist eine der Hauptfiguren in der Diskusszene Penangs. Er hat den Ghost-Discus zuerst gezüchtet und mit dieser Entdeckung wurde Penang erstmals international im Diskusgeschehen erwähnt. Somit verdanken die Züchter Penangs ihm sehr viel und er wurde bis heute zu einer legendären Figur in Penangs Diskusgeschichte. Durch den Ghost-Discus wurde er ein reicher Mann und alle seine Verrücktheiten konnte er sich durch die Diskusfische leisten. Sein Luxus und seine Autoliebhaberei sind der Lohn für seine Diskusbemühungen.

Seine Diskusfarm ist momentan etwa 500 m² groß und als er einmal mit den Diskusfischen anfing, hatte er nur braune Diskus. Später kauft er 38 Wattley Blue Türkis-Diskus und mit diesen begann er dann zu züchten. Aus den flächigen Wattley-Fischen spalteten sich eines Tages die typischen Ghost-Discus ab und damit war der Grundstock für eine neue Zuchtlinie geschaffen worden.

Im Moment züchtet er Pigeon Blood und Marlboro Red Discus, doch seine Diskuskollektion umfaßt sehr viele verschiedene Diskustypen. Auf den nächsten Seiten sehen Sie seine aktuelle Diskuskollektion, die stark von Marlboro-Diskus beeinflußt ist.

In den Zuchträumen herrscht ein diffuses Licht, was wohl dem Verhalten der Diskusfische gerecht werden soll.

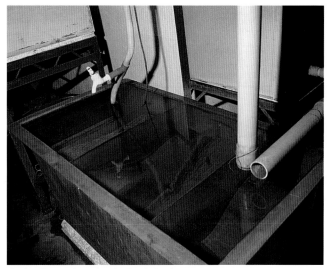

Außenfilteranlage für die Zuchtbecken.

Dieser Marlboro Red stammt von Pigeon Blood Diskus ab, zeigt aber nicht die schöne, kräftige rote Farbe. Seine Körperform ist sehr hoch.

Dieser Pigeon Blood zeigt eine sehr helle, gelbliche Grundfärbung und das Türkis ist weitgehend verblaßt.

Die schwarze Farbpigmentierung der üblichen Pigeon Blood wurde bei dieser Variante völlig weggezüchtet.

Orangefarben erscheint dieser Pigeon Blood Diskus, der aber noch schwarze Farbpigmente zeigt.

Als Red Coral Türkis bezeichnet der Züchter diese Variante, die auch als Perl-Diskus eingestuft werden könnte.

Auch ein Snake Skin Diskus darf in der Palette nicht fehlen und dieser hier zeigt eine schöne, türkis Färbung.

Dieser Braune Diskus zeigt Merkmale des Ghost-Discus, was ihm eine eigenwillige Färbung verleiht.

Links zwei typische Penang Pigeon Blood Diskus, die allerdings heute als Massenfische bezeichnet werden können, denn weltweit werden tausende und abertausende von Pigeon Blood Diskus verkauft.

Thunfisch ist Hauptbestandteil des Diskusfutters.

Ein Zuchtpaar von Red Spotted Golden Diskus, wobei hier deutlich die Beteiligung von Pigeon Blood zu sehen ist.

Der neue Red Spotted Green Diskus

Tong Joon Poh hat acht Jahre Erfahrung mit Diskusfischen und seine Diskuszuchtanlage liegt in einer Touristengegend. Diese Lage ist kein Vorteil für ihn, denn er dachte ursprünglich, daß in einer Touristengegend das Leitungswasser natürlich besonders gut sein mußte. Doch in Sachen Diskus ist dies genau umgekehrt, denn das Leitungswasser ist wegen der Touristen sehr stark gechlort. Dieses gechlorte Wasser ist für seine Diskus nicht so ideal und deshalb wird er in Kürze seine Zuchtfarm verlegen müssen. Dies beweist, daß gerade die Wasserqualität für die Diskuszucht von größter Bedeutung ist. Große Aufmerksamkeit widmet Tong Joon Poh der Futterzusammenstellung für seine Fische. Er füttert sie mit einer erheblichen Menge Thunfisch, die er mit etwas Rinderherz und Shrimps vermischt. Vielleicht ist dies ein Grund, weshalb seine Fische eine so schöne Farbe besitzen. Er besitzt eine herrliche Kollektion von Grünen Diskus mit roten Punkten, die ja sehr gesucht sind. Er kreuzte in die grünen Wildfänge deutschstämmige Rottürkis ein. Die F_1 dieses Kreuzungsversuchs kreuzte er mit grünen Wildfängen zurück und die F_2 aus dieser Rückkreuzung erzielten dann endlich die gewünschten Merkmale. In der F_3 zeigen sich dann die besonders schönen roten Punkte.

Mit diesem Fleischwolf wird das Diskusfutter vorbereitet.

Pärchen von Red Spotted Green Diskus, das zahlreiche Punkte auf der Seite besitzt.

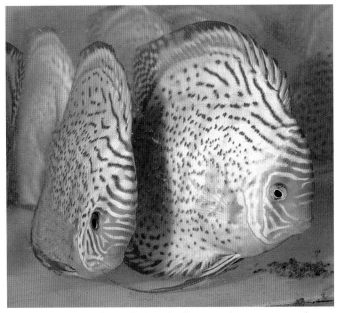

Diese Red Spotted Green Diskus der F_2 zeigen bereits eine stärkere Verteilung der roten Punkte.

Beachten Sie die zahlreichen Punkte, aber auch die exzellente Körperform dieses Nachzuchtdiskus.

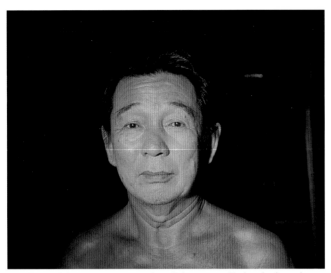

Tan Thean Kheng ist ein typischer Arbeiter am Diskusfisch und dennoch verblüfft er immer wieder mit seinen ausgefallenen Kreationen.

Die ersten Ansätze für die Golden Snake Skin sind bereits gemacht und es ist nur noch eine Frage der Zeit, bis wir verblüfft nach Penang schauen werden.

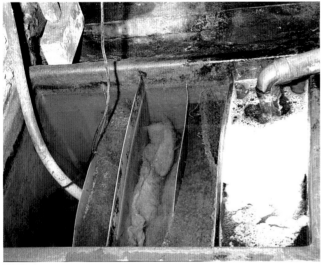

Ein einfacher, effektiver, biologischer Filter, der jedoch in der Praxis keine große Rolle spielt, da täglich 100 % des Wassers gewechselt werden.

Der Golden Snake Skin

Tan Thean Kheng ist einer der ersten Diskuszüchter in Malaysia gewesen, denn er geht diesem Hobby bereits seit 1967 nach. Im Moment besitzt er 200 Aquarien, die er in seiner Farm zwischen Hühnern, Enten und der Zucht von Sojabohnenkeimlingen untergebracht hat. Er überraschte einst die Diskuswelt, als er ein Pärchen von Ghost-Diskus für 10.000 Dollar verkaufen konnte. Tan ist wirklich international bekannt geworden, durch seine herrlichen Snake Skin Diskus, deren Jungfische anfangs für 400 US-Dollar verkauft werden konnten. Obwohl er eine sehr einfache Diskusfarm besitzt, steht er doch auf der Gewinnerseite.

Wenn man zurück schaut, dann ist Tan wahrscheinlich der erste gewesen, der in Penang ein Wildfangpaar von Red Spotted Green zur Nachzucht brachte. Er besitzt diese Fische bereits in der vierten Generation und sie sind nach wie vor bei seinen Kunden sehr beliebt und in internationalen Diskuswettbewerben konnten sie erste Preise gewinnen. Im Moment befaßt er sich sehr intensiv mit der Kreation eines neuen Golden Snake Skin. Dazu möchte er die Golden Diskus mit den Snake Skin kreuzen. Allerdings fehlt bis heute der letzte Durchbruch.

Einblick in die einfache Zuchtanlage in Tans Diskusfarm.

Ein junger Snake Skin mit roten Punkten, was auch eine Neuschöpfung darstellt.

Dieser Diskus ist eine Kreuzung zwischen dem Snake Skin und Ghost-Discus.

In dieser Zuchtfarm wurden wohl zum ersten Mal Wildfänge der Red Spotted Green gezüchtet.

Der typische Snake Skin von Tan Thean Kheng, der ihn international sehr bekannt machte.

Der goldene Diskus

Seit zwölf Jahren ist Saw Wee Hin ein Züchter und schon immer waren die Braunen Diskusfische seine Lieblinge. Wahrscheinlich war es der Braune Diskus, der ihm vor vielen Jahren zu Diskusfischen brachte. Eines Tages wuchsen in seinem Aquarium ungefähr 10 % der Jungfische zu ziemlich transparenten Diskusfischen heran. Als er diese seltsamen Fische sah, stellte er sie 1989 bei der Penang Diskusshow aus und gewann dafür höchste Aufmerksamkeit. Besonders die Japaner waren von

diesen Diskusfischen angetan. Zu dieser Zeit konnte er für einen 5 cm großen Jungfisch ungefähr 400 US-Dollar bekommen.

Er nannte diese durchsichtigen, hellbraunen Fische Golden Diskus und inzwischen gibt es mehrere solcher Typen, wovon einige noch Türkis-Streifen besitzen, andere wiederum fast völlig hellgoldbraun sind. Wichtig ist immer, daß diese Fische rote Augen besitzen, damit sie besonders attraktiv aussehen.

Mr. Saw Wee Hin ist ein alter Diskusprofi, denn er züchtet schon zwölf Jahre seine Diskuslieblinge nach.

Einblick in die einfache Diskusfarm, in der herrliche Goldene und Braune Diskusfische heranwachsen. Auch hier wird täglich das gesamte Aquarienwasser einmal gewechselt.

Dies ist ein Ergebnis eines Zuchtversuchs zwischen einem Goldenen und einem Braunen Diskusfisch. Die Form dieser Diskusart ist sehr hell.

Dieser Golden Diskus zeigt im Kopfbereich noch eine sehr intensive Türkis-Färbung. Wahrscheinlich wurden auch Pigeon Blood Diskus eingekreuzt.

Dieser Golden Diskus besitzt einige rote Punkte am Körper und nur in der Beflossung ist noch etwas türkis, aber auch viel rot zu sehen.

Der gute Golden Diskus soll eine gelbgoldene Grundfarbe besitzen und auf jeden Fall rote Augen, die als Kontrastmittel äußerst wichtig sind.

Mr. Shaifullah Yeng ist der Besitzer der bekannten Nura Diskusfarm.

Einblick in die saubere aufgeräumte Diskusfarm, bzw. die Verkaufsräume.

Die fantastischen Nura Red Diskus

Der Nura Red Diskus ist einer der beliebtesten Diskusfische in Amerika und Europa. Sein Züchter Mr. Shaifullah Yeng ist ein hervorragender Kaufmann, der die Welt bereist, um seine Fische anzubieten. Seit rund zehn Jahren befaßt er sich mit den Diskusfischen als Hobby und mit dem Nura Red gelang es ihm, international Verkaufserfolge zu erzielen. Bereits in der dritten Generation ist die Farbe sehr stabil.

Yeng konzentriert sich im Moment auf Experimente mit neuen Varianten von Snake Skin Diskus und auch mit den Pigeon Blood Diskus will er neue Farbschläge kreieren. Er möchte die Grundfarbe der blauen Snake Skin in ein Rot verändern und danach stabilisieren.

Diese Pigeon Blood Diskus besitzen ein sehr helles Gelb, was aber durchaus dem asiatischen Geschmack entspricht.

Dieser Braune Diskus besitzt Merkmale des Golden Diskus, denn er ist sehr hell.

Hier weiden die Diskuslarven den Körper des Elterntiers ab.

Ein Snake Skin Diskus mit sehr feiner Linierung

Eine Nachzucht von Grünen Wildfängen.

Der typische Nura Red Brown Diskus.

Einblick in die Diskusfarm, in welcher hauptsächlich Ghost-Diskus gezüchtet werden.

Die beiden Brüder haben sich ganz der Diskuszucht verschrieben.

Der Golden Ghost

Der erste Ghost Diskus aus Penang war silberfarben, doch jetzt gibt es einen Golden Ghost, der zum Beispiel an Skalare mit goldenem Kopf erinnert. Saw Peng Wah und Saw Peng Chee sind zwei Brüder, die sich auf die Zucht des Golden Ghost Diskus spezialisiert haben. Es gibt verschiedene Versionen von Ghost Diskus in Südostasien und die meisten von ihnen besitzen heute gelbe und blaue Köpfe. Ihnen gelang jetzt die Zucht eines Golden Ghost beim Kreuzen eines Ghosttyps mit gelbem Kopf und einem Golden-Discus, der im Prinzip ein hellbrauner Diskus ist. Die F_1 dieses Kreuzungsversuchs hatte einige blaue Türkismerkmale auf dem goldenen Körper, aber etwa 10 % der Nachzuchten entsprechen dem heutigen Golden Ghost Diskus. Deren F_1 wurden wieder zurückgekreuzt, um stabile Golden Ghost Formen zu bekommen.

Die Saw-Brüder brachten noch einen stärkeren metallischen Farbschlag in das Gold und somit ist die Färbung jetzt perfekt. Ihr Wunschtraum wäre die Kreation eines absolut goldenen Diskusfischs.

Typischer Golden Ghost Jungfisch, der bereits sehr viel Farbe zeigt.

Diese Variante stammt von Red Royal Blue Diskus aus Thailand ab.

Ein halbwüchsiger Golden Ghost Diskus.

Sehr schön sieht dieser Schwarm von Golden Ghost Jungfischen aus.

Eine andere Form des Golden Ghost Diskus mit kräftigem Rotanteil.

Eine Mutation stellt dieser marmorierte Golden Ghost Diskus dar und es bleibt abzuwarten, ob sich solche Fische in ihrer Färbung stabilisieren lassen und in Zukunft auf dem Markt eine Rolle spielen werden.

In diesen Behältern wird das Wasser künstlich gealtert, um es dann für den Teilwasserwechsel zu verwenden.

Im Zuchtraum geht es sehr eng zu, denn jeder Quadratzentimeter muß ausgenutzt werden. Die Technik ist sehr einfach gehalten.

Ein fast historisches Aquariengeschäft

Das älteste Aquariengeschäft Malaysias ist gleichzeitig auch eines der größten, unterscheidet sich aber von westlichen Zoogeschäften erheblich. Ein großer Teil des Betriebs wird von der Diskuszucht belegt und ist mit Aquarien und Plastikbehältern vollgestopft. Alleine 400 Quadratmeter beträgt die Grundfläche der Diskusräume.

Der Sohn des Besitzers Chew Tien Yang hatte in Hongkong seine Lehrzeit verbracht und seine Erfahrungen fließen jetzt in die heimische Diskuszucht ein.

Angefangen hat die Diskuszucht 1985 mit zwei Türkis-Zuchtpaaren. Heute werden alle wichtigen Farbformen nachgezüchtet und exotische Kreuzungsvarianten wie Blue Diamond mit Golden Ghost können schon verblüffen. Die ersten Nachkommen dieses Kreuzungsversuchs sind gerade im Heranwachsen und vielleicht werden wir schon in Kürze durch eine neue Diskusfarbvariante überrascht werden.

Fische, die exportiert werden, werden in Kunststoffbehältern zwischengehältert und dann verpackt.

Typisches Türkis-Diskuspaar.

Kreuzungsversuch aus Heckel-Wildfang und Braunem Nachzuchtdiskus. Das typische Heckelband ist zwar verwaschen, aber doch noch gut zu erkennen. Solche Heckel-Kreuzungen sind in Malaysia sehr beliebt.

Dieses Kreuzungspärchen stammt teilweise von Heckeldiskus ab und wird als Brauner Heckel bezeichnet.

Dieser Diskus bekam den Namen Golden Diskus und solche Farbschläge sind in Malaysia in großer Menge gezüchtet worden.

Hinter der Zuchtanlage befindet sich die Quarantänestation von Simon Pos Diskusfarm.

Ein großes Wasserreservoir befindet sich im Freien.

Eine Ausnahmeerscheinung

Png Swee Hock, besser bekannt als Simon Po, ist im Moment Penangs schillerndste Persönlichkeit in der Diskusszene. Seine Firma Penang Diskusfarm ist einer der größten Diskusexporteure des Landes. Viele Züchter in Penang mußten zugeben, daß ihre Wildfänge, die sie einkreuzen konnten, von Simon Po in Brasilien organisiert wurden. Simon fliegt jedes Jahr nach Brasilien, um die besten Wildfänge aufzukaufen und damit Kreuzungsversuche zu unternehmen, bzw. die Wildfänge an japanische Kunden weiterzuverkaufen.

Simon ist seit rund zehn Jahren in der Diskusszene und seine Zuchtfarm umfaßt jetzt rund 500 Aquarien auf 400 m² Fläche. Er ist nicht nur eine Persönlichkeit im Exportgeschäft, sondern auch selbst in die Diskuszucht involviert, denn ihm gelang es, einige sehr markante Diskusfische nachzuzüchten. So sind seine Red Spotted Green, sein Heckel-Marlboro und Alenquer-Diskus sehr bekannt geworden. Der japanische Markt macht für ihn über 50 % seines Umsatzes aus. Der Rest wird in Europa und Taiwan umgesetzt.

Der junge, erfolgreiche Diskuszüchter und Geschäftsmann Simon Po.

Der Verkaufsraum der Penang Diskusfarm.

Snake Skin Diskus mit sehr feiner Linierung.

Ein Alenquer Wildfang, der die geschützten Eier beobachtet.

Ein junger Golden Diskus.

Dieses Alenquer F_1-Tier besitzt zufälligerweise einen roten Fleck auf der Seite.

Ein Paar von Red Diamond Diskus, welches aus Japan importiert wurde, um damit zu züchten.

Mr. Koay Kheng Lock ist ein junger, aber sehr cleverer Diskusliebhaber.

Einblick in die einfache Diskusanlage.

Alle Aquarien sind mit Diskusfischen vollgepfercht.

Die neueste Kreation aus Penang ist dieser Snake Skin Pigeon Blood, der zu utopischen Preisen gehandelt wird.

Etwas Neues - Snake Skin Pigeon Blood

Ein echter Diskusfreak ist hier am Werk, denn vor fünf Jahren gab er 25.000 US-Dollar aus, um vier Snake Skin Diskus in Thailand zu kaufen. Dieser verrückte Kauf brachte ihm dieses Jahr einen großen Erfolg, denn er konnte mit diesen Snake Skin Diskus und Pigeon Blood Diskus eine neue Art von Diskusfischen kreieren. Er nennt sie Snake Skin Pigeon Blood. Mit einem mehr silbrig farbenen Pigeon Blood Diskus, welcher Blue Diamond Gene besaß, konnte er diese thailändischen Snake Skin Diskus paaren und 20 % der Nachkommen hatten eine spezielle Farbcharakteristik. Mit dieser ausgelesenen F_1-Nachzucht produzierte er eine F_2-Generation, die alle Merkmale der Snake Skin Pigeon Blood trug. Heute kann er diese exzellenten Snake Skin Pigeon Blood für hohe Preise nach Japan verkaufen und wahrscheinlich ist diese Diskusfischform momentan die teuerste auf dem Markt.

Durch intensivste Zuchtauslese und langwierige Rückkreuzungen gelingt es, die herrlichen Farbmerkmale der Snake Skin Diskus mit den idealen Zuchtmerkmalen der Pigeon Blood Diskus zu vereinigen und solche exzellente Fische nachzuziehen.

Bereits als Jungfische zeigen diese Snake Skin Pigeon Blood die Merkmale der erwachsenen Diskus. Auch ist auffallend, daß die meisten Jungfische rote Augen besitzen und nur noch vereinzelt Fische mit gelben Augen auftreten.

Stolz präsentiert sich dieser junge Züchter der Kamera, denn er
weiß, daß er tolle Diskus züchten kann.

Der Golden Red Diskus

Der junge Diskuszüchter Lim Thean Aik beschäftigt sich
seit über zehn Jahren mit Diskusfischen und im Moment
hängt sein Herz an den Red Spotted Green und den Golden Diskus. Um seine eigenen Red Spotted Green Diskus zu kreieren hat er Téfe-Wildfänge mit deutschen
Alenquer Diskus gekreuzt. Nach drei Generationen beka-
men seine Jungfische endlich rote Punkte und jetzt
scheint diese Färbung stabilisiert zu sein. Der Golden
Red ist eine Kreuzungsvariante aus Golden Diskus und
Alenquer Diskus. Bereits mit 5 cm Größe zeigen diese
Fische eine rote Färbung in den Flossensäumen.

Ein Red Spotted Green der F_1-Generation.

Diese Jungfische der Red Golden zeigen bereits
sehr schöne rote Farben in der Beflossung.

Ein Kreuzungsdiskus aus wilden Red Spotted
Green und Alenquer Diskus.

Teoh Beng Chye ist ein junger Diskuszüchter, der noch auf der Suche nach den richtigen Fischen ist.

Ein Red Diamond-Versuch

In den letzten Jahren hat Teoh Beng Chye einige Diskusfarbschläge gezüchtet und Versuche unternommen. Jetzt ist er zu den Snake Skin und Red Diamond Diskus zurückgekehrt. Er besorgte sich Red Diamond Diskus von Lo Wing Yat und kreuzte diese mit deutschen rotbraunen Diskusfischen. Die F_1-Generation wurde zurückgekreuzt mit Red Spotted Green-Wildfängen und dies hatte zur Folge, daß die Körper der F_2-Generation sehr viele attraktive rote Punkte besaß. Auch seine Snake Skin Diskus sind sehr schön anzusehen, denn die Türkis-Linien sind sehr fein und klar.

Die Red Spotted Green Wildfänge haben es ihm angetan und mit ihnen nimmt er mehrere Kreuzungsversuche vor.

Die Nachzuchten der Red Spotted Green Diskus wurden durch Kreuzungsversuche mit Red Diamond und Red Spotted Green Wildfängen soweit gebracht, daß jetzt auf dem grünen Körper zahlreiche rote Punkte zu erkennen sind.

Die Liebe zur Natur

Dr. Lim Yu Hoe ist einer der bekanntesten Diskuszüchter Malaysias, denn er wurde während der ersten Diskusshow in Duisburg als Schiedsrichter berufen. Er betrachtet die Diskuszucht ausschließlich als Hobby und stellt wirtschaftliche Aspekte völlig in den Hintergrund. 1993 gewann sein High body Rottürkis den Grand Champion bei der Penang Diskusshow. Während des Interviews betonte Dr. Lim, daß er im Moment keine speziellen Diskuszuchtlinien verfolgt und er am liebsten der Natur ihren Lauf läßt, denn er glaubt, daß die Diskusfische die Möglichkeiten haben sollten, sich so zu vermehren, wie sie es für richtig halten.

Einblick in die Aufzuchtanlage von Dr. Lim, bei der er sich durch automatische Wasserwechsel einen Großteil der täglichen Arbeit abnehmen läßt. Alle Aquarien sind verrohrt, so daß der Wasserzu- und -ablauf automatisch erfolgen kann.

Die Snake Skin von Dr. Lim zeigen eine sehr starke brillanttürkise Körpergrundfärbung.

Auffallend bei diesem Rottürkis-Diskus ist die sehr gerade Linierung.

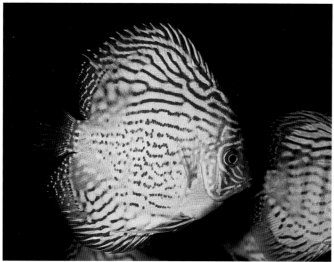

Eine sehr schöne rote Punktierung bei diesem Jungfisch.

Dieser junge Snake Skin zeigt im Flossensaum bereits sehr viele rote Farbansätze.

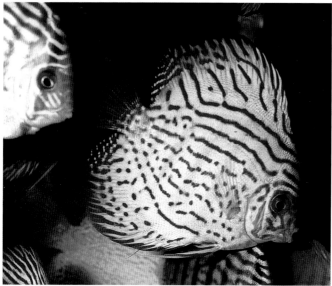

Nachzucht von Red Spotted Green Diskus.

Junger Snake Skin mit intensiver Türkisfärbung.

Die roten Punkte bei den Nachzuchten zu stabilisieren ist sehr schwierig.

In Dr. Lims Aquarien befinden sich viele verschiedene Jungfische.

Die Neue Welt der Schönheiten

Singapur ist eine der führenden Exportnationen im Bereich tropischer Zierfische. Dieses Foto zeigt eine typische Zierfischfarm in Singapur.

Singapur - das Zentrum der Aquarienfischzucht

Singapur ist weltweit als weltführender Marktplatz für Aquaristik bekannt. Seit seiner Unabhängigkeit vor etwa 30 Jahren wuchs die Aquaristik-Industrie in diesem Land von Jahr zu Jahr. Singapur ist ein Handelszentrum geworden, welches vielleicht gerade jetzt durch die Rückkehr Hongkongs in das chinesische Weltreich einen weiteren Impuls bekommen wird. In Singapur werden alle Arten von Zierfischen in speziellen Zuchtfarmen gezüchtet und von Seiten der Regierung wird dieser Markt sehr stark unterstützt. Singapur ist weltberühmt für die Schönheit seiner Aquarienfische und natürlich auch für seine erstklassigen Diskus.

In Singapur sind Diskusfische als wichtige Exporttiere hoch angesehen und alle zwei Jahre gibt es eine internationale Aquarienfachmesse namens „Aquarama". Während der Aquarama findet auch eine Diskusshow mit Bewertung statt. Diese Diskusshow hat inzwischen einen so hohen Stellenwert erreicht, daß Züchter, die hier einen der ersten Preise gewinnen können, sehr schnell bekannt werden und mit ihren Diskusfischen Höchstpreise erzielen. Züchter wie die Gan-Brüder oder Kitti aus Thailand erhielten ihren Ruhm durch diese Ausstellung.

Pigeon Blood Diskus sind sehr beliebt in Singapur und werden heute in großen Mengen nachgezüchtet.

Aus Diskuswildfängen werden solche Red Spotted Green Fische nachgezüchtet.

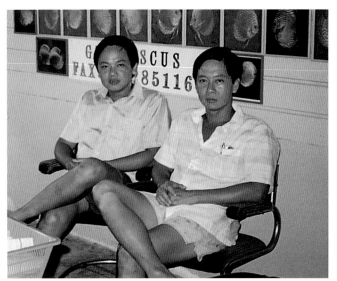

Die Gan-Brüder im Büro ihrer Farm.

Jedes Jahr importieren die Gans zahlreiche Wildfänge aus Brasilien, um sie einzukreuzen.

Viele ausländische Diskusfreunde besuchen immer wieder diese bekannte Diskusfarm.

Ein internationaler Status wurde erreicht

International anerkannt sind die Gan-Brüder, die tatsächlich mehrere erste Preise während der Aquarama-Diskusshow gewinnen konnten. Reporter von Magazinen aus aller Welt gaben sich bei den Gans die Klinke in die Hand, um über die außerordentlichen Diskusfische, dieser Brüder zu berichten. Ihre Diskusfische wurden zu einem Warenzeichen für Singapur. Ihre Türkis-Varianten wurden durch die eigenwillige Linierung, die teilweise senkrecht und nicht waagrecht verlief, etwas besonderes. Die Gans besitzen eine große Zuchtfarm, in der traditionellen Fishfarm Road, in der noch viele andere Zuchtfarmen liegen. Dort gibt es selbstverständlich alle Arten von tropischen Zierfischen zu bewundern.

Heute befassen sich die Gans mit dem Einkreuzen von Diskuswildfängen aus Brasilien in bestehende Zuchtlinien, um wieder neue Diskusarten hervorzubringen. Allerdings müssen sie sich heute den riesigen Diskusmarkt mit viele Mitbewerbern teilen.

Ein Überblick über die Räumlichkeiten der Diskusfarm.

Andrew So ist ein sehr bekannter Diskuszüchter in Singapur.

Mit diesen Diskusfischen konnte Andrew gute Geschäfte machen.

In dieser Zuchtanlage werden hauptsächlich Guppys gezüchtet.

Die Experimentierfreude

Seit 20 Jahren beschäftigt sich Andrew So mit Diskusfischen und es gab für ihn ständig ein Auf und Ab in diesem Hobby. Erst war er reiner Liebhaber, dann eröffnete er einen Diskusshop und später eine größere Diskusfarm. Eigentlich hat er schon alles mitgemacht, was man als Diskusliebhaber so mitmachen kann.

Vor neun Jahren entschloß er sich, die Diskuszucht als Hauptberuf durchzuführen und seine Türkis-Diskus brachten ihm viele Erfolge. Wahrscheinlich hat schon jeder zweite Diskusliebhaber in Singapur von Andrew einmal Diskusfische gekauft. Seine neue Diskusfarm ist etwa 2.000 m^2 groß und die Besonderheit ist ein 24-Stunden Nonstop Wasserdurchfluß. Diese Tatsache sorgt dafür, daß es unnötig ist, die Aquarien zu filtern, denn es läuft ständig Frischwasser zu und Altwasser ab. Dieses Fließwassersystem ist auch der Grund, weshalb in seiner Farm zwei Arbeiter, die etwa 1.200 Aquarien ohne weiteres betreuen können. Im Moment züchtet Andrew Alenquer-Diskus, Türkis-Diskus und Pigeon Blood. Natürlich träumt auch er von einem neuen Diskus.

Ein typischer Rottürkis-Diskus von Andrew So.

IBIS heißt diese neue Diskuskreation, die auch von Pigeon
Blood abstammt.

Ein goldener Ghost-Diskus, der
als Jungfisch jedoch noch nicht
die volle Farbe zeigen kann.

Eine schöne Diskusfarm

Eine schöne, gut geführte, saubere Diskusfarm mit kla-
rem Wasser und Gruppen von gesund aussehenden Diskusfischen grüßen jeden Besucher, wenn er in William
Kweks Diskusfarm kommt. Daran läßt sich ersehen, daß
William wirklich größten Wert auf gepflegte Diskusfische
legt. Über zehn Jahre führt er seine Diskusfarm vor-
bildlich und auf 600 m² stehen etwa 400 Aquarien mit
Topqualitäten von Blue Diamond, Snake Skin und Marlboro Red Diskus.

Die letzte Diskuskreation, die er auf den Markt bringen
konnte, nannte er IBIS Red, was aus einer Kreuzung
zwichen Pigeon Blood und Braunen Diskus resultiert.
Dieser Handelsname IBIS Red ist vor allem für die japanischen Kunden von großer Bedeutung.

William macht auch einige Experimente mit Heckel-Diskus und er versucht, mit Heckel-Wildfängen den fünften
Heckel-Streifen in Nachzuchten einzubringen.

William Kwek und einer seiner Assistenten.

Ein sehr schöner Golden Diskus.

Ein schöner Brauner Diskus mit dem typischen Heckel-Streifen.

Der fünfte dunkle Heckel-Streifen ist auch bei den F₁-Nachzuchten deutlich zu sehen.

Dr. Sun ist ein erfahrener Diskuszüchter.

Ein Diskusveteran

Dr. Sun See Seng ist einer der Diskusspezialisten, der sich wohl am besten mit Diskusfischen in Singapur auskennt. Er berichtete, daß Singapur viel später mit den Diskusfischen begann, als seine Nachbarländer. So wurden erst in den Jahren 1988 und '89 Blaue Diskusfische in Singapur nachgezogen, was bedeutete, daß dies fünf Jahre später geschah als in Hongkong.

Anfangs war Dr. Sun ein großer Verehrer der Blauen Diskusfische, doch später änderte sich sein Geschmack in Richtung Pigeon Blood. Auch Wildfänge erregten seine Aufmerksamkeit, denn mit ihnen konnte er sehr schön experimentieren, wenn er sie nachzüchten konnte. Mit Wildfängen hat er viele Erfolge und es gelang ihm sogar, Diskus Heckel-Wildfänge nachzuziehen. Alle Nachzuchten der Heckel-Wildfänge tragen übrigens den dunklen Mittelstreifen. Seine Red Spotted Green Nachzuchten leiden noch etwas darunter, daß sie eine längliche Körperform zeigen und hoffentlich gelingt es ihm, diese Fische in der Form etwas runder zu bekommen.

Dieser gesunde Heckel-Wildfang ist ein Elterntier der oben links gezeigten Heckel-Nachzuchten.

Ein junger Pigeon Blood Diskus, der kaum noch die typische Pigeon Blood Färbung zeigt. Hier wurden Braune Diskus eingekreuzt.

F₁-Nachzucht von Red Spotted Green Wildfängen.

F₁-Nachzucht von Red Spotted Green Wildfängen.

Nachzucht aus Grünen Wildfängen und Coari-Wildfängen.

Nachzucht von Tefé-Wildfängen mit vielen roten Punkten.

Rottürkis-Diskus.

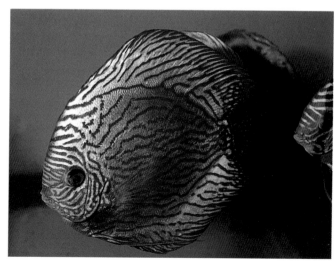

Brillanttürkis-Diskus.

Verliebt in Diskusfische

R. Govindarajan ist indischer Abstammung und ein Lehrer in Singapur. Seit fünf Jahren ist er vom Diskusfieber gepackt worden. Er glaubt, daß man eine sehr gute Beziehung zu seinen Diskusfischen aufbauen kann und es zu einer regelrechten Freundschaft kommt.

Rajan hat zwei Träume in seinem Leben. Der eine ist es, eine eigene Fußballmannschaft zu gründen und Preise zu gewinnen, der andere ist es, endlich einmal einen wahren Diskuschampion zu züchten. Er konnte in der letzten Aquarama-Show mit seinen Pigeon Blood immerhin den ersten Platz in der Kategorie roter Diskus erzielen. Dieser Gewinner-Diskus stammte aus einer Verbindung eines Pigeon Blood mit einem rotbraunem Diskus. Aus 100 Nachzuchten zeigte nur ein einziger Fisch eine so tolle Färbung wie der Gewinner, der rechts zu sehen ist.

Schon aus religiöser Überzeugung benutzt dieser Züchter niemals Rinderherz oder Rindfleisch zum Füttern seiner Diskusfische. Er verwendet in erster Linie Schweineherzen, denn er meint, daß dies etwa aufs selbe herauskäme. Außerdem sind Schweineherzen einfacher und dauernd zu bekommen und billiger in Singapur. Damit gehört er bei der Fütterung sicher zur großen Ausnahme, denn die Verwendung von Schweineherzen kommt in der Diskusszene wohl nur selten vor.

Dieses Braune Weibchen wurde mit einem Pigeon Blood gekreuzt, um den späteren Preisträger der Aquarama zu züchten.

R. Govindarajan ist passionierter Hobby-Züchter.

Dieser Züchter kreuzt flächig blaue Diskus ohne Senkrechtstreifen ein, um bei den Geister-Diskus den Augenstrich völlig zu entfernen. Das Ergebnis ist hier deutlich zu sehen.

Dieser orangerote Diskus gewann den ersten Preis in der roten Kategorie 1995 bei der Aquarama.

Ein Brauner Diskus mit seinen Jungfischen, die von seinem Körper fressen.

Dieser interessant aussehende Diskusfisch ist eine Kreuzungsvariante aus Geister-Diskus und Pigeon Blood. Verblüffend ist, daß bei einigen ein verstärkter Mittelstreifen auftritt.

Jungfische des orangeroten Pigeon Blood Diskus mit guten Farbergebnissen.

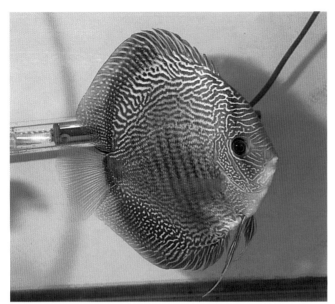

Die tollen Eigenschaften von Lees Snake Skin Diskus sind die feinen Linien und der sehr hohe Körper.

F_1-Nachzuchttier von Snake Skin und Pigeon Blood Kreuzungsversuchen.

Der König der Snake Skin

Während meines Besuchs in Singapur, konnte ich Dr. Clifford Chan treffen, um von ihm einige Hilfe bei meinen Diskusbesuchen zu erhalten. Leider war Dr. Chan aber zu beschäftigt, und so kümmerte sich Lee als Führer um mich. Natürlich wollte ich auch seine Diskusfische sehen und so besuchten wir sein Haus.

Lees Haus befindet sich in einer sehr schönen Wohngegend und der freundliche Mensch zeigte mir seine Diskuszuchtanlage, die im hinteren Teil seines Gartens liegt. Ich war wirklich überrascht, solche Schätze von Snake Skin Diskus anzutreffen. Nicht nur, daß sie eine sehr runde Körperform hatten, auch ihre Zeichnungslinien waren so fein und ausgeprägt, wie ich die selten zuvor sehen konnte. Die Elterntiere waren aus Thailand und diese hier gezeigten Snake Skin Diskus waren in der Körpergröße wesentlich stärker als dies in Penang oder Bangkok und der Fall war. Wahrscheinlich lag dies ganz einfach an der aufopfernden Pflege, die Lee seinen Diskusfischen zukommen ließ.

Lee ist noch nicht lange ein Diskuszüchter und erst 1993 kam er durch die Aquarama Diskusshow zu diesem schönen Hobby und seit dieser Zeit gibt es kein Zurück mehr. Neben den Snake Skin züchtet er auch Diskuswildfänge und es gelang ihm erstmals, einen Snake Skin mit einem Wildfang aus dem Coari-Gebiet zu kreuzen. Doch im Moment sind die F_1-Nachzuchten noch zu klein, um irgendwelche Urteile zu bilden.

Mr. Lee Tong Juan ist erst seit sechs Jahren Diskusliebhaber.

Im Garten hinter dem Haus befinden sich die Diskusaquarien.

Ein sehr imposanter Snake Skin Diskus mit perfekter Körperform und extremer Zeichnung. Beachten Sie das schöne Rot in der Rückenflosse. Dieser Fisch hat ein Gelege und bewacht es, obwohl die Eier bereits weiß wurden.

Eine interessante Golden Pigeon Diskusvariante.

Ein Coari-Diskuswildfang.

David Lim besitzt in Singapur das Grace Discus Centre.

David Lim glaubt, daß diese Golden Diskus die schönsten Diskusfische sind, die jemals gezüchtet wurden.

Dieser Red Spotted Golden Diskus ist sehr teuer, denn er ist auch entsprechend selten.

Der Pink-Panther von David Lim

David ist ein pensionierter Zolloffizier und er besitzt schon über 25 Jahre Diskuserfahrung. Seit er seit drei Jahren in Rente ist, hat er die Möglichkeit, seine Diskuszuchträume ständig zu vergrößern. Er nennt seine Diskusfarm Grace Discus Centre und dieses besitzt rund 200 m² Fläche mit 200 Aquarien und somit handelt es sich um eine mittelgroße Zuchtfarm. David hält starken Kontakt mit Diskuszüchtern aus Malaysia und dies ist ein Grund, weshalb in seiner Anlage viele Diskusvarianten, die typisch für Malaysia sind, zu finden sind. Er glaubt, daß Malaysia die meisten Diskusfarbvarianten besitzt und außerdem noch dazu exzellente Diskusqualitäten.

Seine bevorzugte Diskusart ist der Golden Diskus. Er hat diesen Golden Diskus in einer etwas rosafarbenen Version gezüchtet, die er deshalb auch schnell „Pink-Panther" nennt. Diese Fische haben einfach einen Touch von roter Färbung.

Davids letzte Kreation, der Pink-Panther.

Ein erwachsener Golden Diskus mit sehr schöner Körperproportion.

Ein halberwachsener Golden Diskus mit intensiver goldbrauner Färbung.

Ein im Aquarium gezüchteter Alenquer Diskus, der fast keine Türkis-Zeichnung mehr zeigt.

Eine sehr schöne runde Form besitzt dieser Pigeon Blood, dessen Farbe orange-gelb ist, was ihn für asiatische Züchter wieder sehr begehrenswert macht.

Auf dem Weg zum Erfolg

Taiwans Weg zur Diskuszucht

Taiwan ist ein kleiner Staat, der sehr viel ökonomische Kraft besitzt, denn man mußte sich hier immer wieder gegen den übermächtigen großen Bruder China durchsetzen. Dies nicht nur ökonomisch, sondern auch politisch. In der Vergangenheit hat sich deshalb Taiwan aus eigener Kraft in die Liga der Industrienationen mit großem Wirtschaftswachstum katapultiert. Mit dem allgemeinem Wohlstand wuchs selbstverständlich auch das Verlangen nach schönen Hobbys. Es verwundert deshalb nicht, daß es in Taiwan heute etwa 2500 Zierfischgeschäfte gibt. Vergleicht man dies mit europäischen Nationen, ist diese Zahl wirklich gigantisch. Die Pflege von tropischen Zierfischen ist in der Bevölkerung ein angesehenes und weit verbreitetes Hobby. Die Geschichte der Diskusfische in Taiwan ist nur etwa zehn Jahre alt und die Züchter Taiwans hatten alle Schwierigkeiten, um bei diesem Diskusspiel mitzumachen. Durch die wirtschaftlichen Möglichkeiten ist Taiwan heute ein wichtiger Diskusmarkt geworden.

Tropische Zierfische sind in Taiwan sehr populär und der Trend zum großen Heimaquarium ist da. Auch die Bepflanzung eines Aquariums ist sehr beliebt und üblich.

Die Vergangenheit, die Gegenwart und die Zukunft

Die ersten Diskusfische wurden in den 60er Jahren aus Hongkong nach Taiwan exportiert. Dies waren Braune Diskusfische und es war unglaublich, was diese Fische damals kosteten. Diskusfische zu pflegen war in diesen Tagen ein sehr vornehmes Hobby. Überhaupt die Diskusfische am Leben zu erhalten, war schon eine gewaltige Leistung. Diskusfische sogar zu züchten war im Prinzip unmöglich. In den späten 70er Jahren las Dr. Lin Ju Chen einen Artikel von Jack Wattley, daß es in Asien keinen einzigen chinesischen Diskuszüchter gäbe und Dr. Lin kauft daraufhin einige Diskusfische und suchte alle Informationen über diese herrlichen Tiere, um endlich erfolgreich Diskus zu züchten. Nach und nach etablierte sich eine Diskusszene in Taiwan und Dr. Lin wurde der Vater der Diskus in Taiwan.

In ganz Taiwan sind sehr schön eingerichtete Aquariengeschäfte zu finden und hier wird tatsächlich beachtliches geleistet.

Taiwan besitzt vielleicht die am stärksten auf Diskusfische spezialisierten Fachgeschäfte in der asiatischen Welt. Die Tradition der typischen Diskusshops in Südostasien ist noch nicht sehr alt und eines der ersten Diskus-Spezialgeschäfte in Taiwan eröffnete vor rund zehn Jahren in der Stadt Kaoshung. Die meisten Diskusfische, die dort verkauft wurden, waren aus Thailand, Hongkong und Deutschland importiert worden. Dies waren auch Gründe, weshalb sie sehr teuer waren und natürlich waren durch die sehr langen Transportwege und die Unerfahrenheit in den Anfängen der Diskuspflege Krankheiten vorprogrammiert. Als dann Mitte der 80er Jahre auch die mysteriöse Diskusseuche weltweit auftrat, blieben die Diskusfische Taiwans auch nicht davon verschont. Dies hatte zur Folge, daß das Diskushobby und die Verkäufe von Diskusfischen schwere Rückschläge hinnehmen mußten. Andererseits wurden in Südostasien plötzlich die riesigen Arowanas sehr beliebt. Es handelte sich hierbei um leicht zu haltende Fische, die auch als Glücksbringer eingestuft wurden. Immer populärer wurden diese Aquarienriesen, die es in den schönsten Farb-tönen, wie Gold, Silber oder Rotgold zu kaufen gab. Ihre Schönheit und Beliebtheit überzog das ganze Land und zahlreiche neue Aquariengeschäfte wurden eröffnet, um diesem Arowana-Boom gerecht zu werden. Dieser Boom riß natürlich andere Zierfische mit und plötzlich begann der Handel mit Zierfischen wieder zu florieren. Plötzlich entstanden wieder zahlreiche Diskus-Spezialgeschäfte und auch Fischfarmen und Züchter kümmerten sich um diese Fische. Aus dem Ausland wurden viele Zuchtfische importiert, um in Taiwan einen hohen Qualitätsstandard an Diskusfischen zu bekommen. Im Moment sieht die Zukunft des Diskusfischs in Taiwan wieder bestens aus. Es bleibt allerdings abzuwarten, ob die wirtschaftlichen Schwankungen wieder Rückschläge für den Diskusfisch mit sich bringen. Sehr beliebt sind in Taiwan, wie überhaupt in Südostasien, momentan Diskuswildfänge, wobei Formen mit roten Punkten starkt bevorzugt werden. Mit diesen Wildfängen versucht man Kreuzungsvarianten zu züchten.

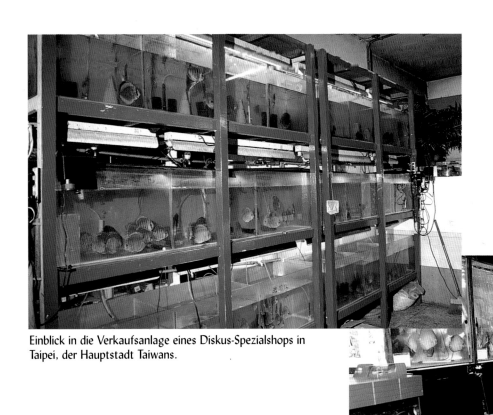

Einblick in die Verkaufsanlage eines Diskus-Spezialshops in Taipei, der Hauptstadt Taiwans.

Taiwan hat, gemessen an der Einwohnerzahl, wahrscheinlich weltweit die höchst Dichte von Diskus-Spezialgeschäften.

Seit einigen Jahren versuchen die Züchter Taiwans, neue Farbvarianten durch das Einkreuzen von Wildfängen zu erreichen.

Heute haben die Züchter in Taiwan ein sehr hohes Potential an exklusiven Diskusfischen, um interessante Varianten nachzuzüchten.

Es bleibt zu hoffen, daß es den Züchtern in Taiwan gelingt, weiterhin Diskusfische in höchster Qualität zu züchten.

Eine Diskustour durch Taiwan, von Süden nach Norden

In Taiwan gibt es etwa 30 Diskusfarmen, bzw. größere Zuchtbetriebe für Diskusfische. Der Norden und Süden Taiwans unterscheiden sich sehr stark, und so ist dies auch bei den Diskuszüchtern bemerkbar. Die Züchter des Südens sind mehr konservativ und glauben, die klassischen Diskusvarianten konservieren zu müssen. Nach Norden fahrend, kann man schnell feststellen, daß hier die progressiveren Diskusleute wohnen. Sie haben ihre ganze Hoffnung auf die Wildfangtypen gerichtet, die sie mit Nachzuchtfischen verpaaren wollen, um völlig neue Farbvarianten zu züchten. Sie glauben auch fest daran, daß die Zukunft des Taiwan-Diskus in der Einkreuzung der Wildfänge liegt.

Unser erster Stop war in Kaoshung. Und hier trafen wir den Züchter Mr. Chen Wang Wen, der den ersten Platz in einem nationalen Diskuswettbewerb, bei der Zuchtform gestreifter Türkis gewonnen hatte. Bei ihm sind neben den blauen und türkisen Diskusvarianten, vor allem die flächigen Diskus sehr stark favorisiert. Im Süden Taiwans sahen wir während unseres Aufenthalts einige sehr spektakuläre Diskusfische und dabei war festzustellen, daß hier sehr ernsthafte Liebhaber am Werk waren. In Taiwan ist das Leitungswasser sehr hart und der pH-Wert liegt zwischen 7,5 und 8,5 was voraussetzt, daß für die Diskuszucht das Wasser aufbereitet werden muß. Durch diese Tatsache haben die Züchter Taiwans sehr viel Arbeit mit dem Wasser.

Dieser Rottürkis-Diskus war ein Grand Champion bei einer nationalen Diskusshow in Taiwan.

Die Züchter Taiwans nehmen regelmäßig an den internationalen Diskusshows in Asien oder Europa teil.

Diskusfische spielen eine große Rolle im Aquaristik-Fachhandel und gerade Diskuswildfänge sind in den letzten Jahren sehr beliebt geworden.

Dieser blaue Türkis-Diskustyp ist besonders im Süden Taiwans sehr beliebt bei Käufern und Züchtern. Es handelt sich hier um eine Standardvariante, wie sie seit vielen Jahren gezüchtet wird.

Das Ehepaar Ting hat sich ganz der Diskuszucht verschrieben.

Typischer Amber Red Diskus mit starker roter Beflossung.

Ein Diskusehepaar

Das Ehepaar T. S. Ting interessiert sich für alle Arten von tropischen Zierfischen, aber am liebsten sind ihnen wohl die Diskusfische, denn sie züchten sehr viele Diskusfische nach. Sie haben ihre braunroten Diskusfische „Amber Golden Diamond" genannt. Angeblich stammen diese Fische aus einem deutschen Zuchtstamm von sogenannten roten Diskus ab, und durch die Einkreuzung eines Wildfangs mit zahlreichen roten Punkten sind die heutigen „Amber Golden Diamond" entstanden. Auf den nebenstehenden Bildern sind die Farbverläufe von Jungfischen zu Altfischen sehr gut nachzuvollziehen. Diese Diskusfische besitzen eine hellbraune Grundfärbung, die hier natürlich gerne als Goldfarbe bezeichnet wird. Je nach Zuchtvariante besitzen die Fische dann mehr oder weniger rote Punkte und eine rote Beflossung. Diese Diskusart war eine ganze Zeitlang in Thailand sehr beliebt und wurde sehr stark nachgefragt.

Bereits im jugendlichen Alter von sechs Monaten, zeigen einige der Amber Gold Diamond Diskus eine interessante rote Flossenfärbung und zahlreiche rote Punkte.

Jungfische des Amber Red Diskus sind in Taiwan sehr leicht zu verkaufen.

Der Blue Cover Diskus hat eine sehr schöne Körperform und ist völlig mit einem intensiven Blau überzogen. Auch die Flossen- und Kiemendeckel sind nahtlos blau.

In dieser Diskusfarm werden immer noch die besten blauen Türkis-Diskusfische in Taiwan gezüchtet und angeboten.

Der Besitzer des Großhandels Mei Dat Discus Mr. Wang Si Jet.

Ein Diskusgroßhändler

Um die ständigen Tiefschläge und Höhepunkte auf dem Diskusmarkt zu überstehen, muß man schon das richtige Standbein besitzen. Der Diskusgroßhandel „Mei Dat Discus" muß es wohl irgendwie richtig gemacht haben, denn der Besitzer Mr. Wang Si Jet ist seit über zehn Jahren in diesem Geschäft erfolgreich. Er glaubt, daß es nicht schwierig ist, Diskusfische zu halten. Sein Ratschlag für die Kunden ist immer wieder „Benutzen Sie die ökonomischste Methode um Diskusfische zu pflegen". Aus diesem Grunde versucht er es, seinen Kunden vorzumachen, wie man Diskusfische ohne riesigen technischen Aufwand pflegen kann. Da es ihm wohl gelang, seinen Kunden die Angst vor dem Diskusfisch zu nehmen, konnte er auch immer wieder Diskusfische erfolgreich verkaufen.

In dieser Diskusfarm ist man bekannt und berühmt für die blauen Diskustypen. Die flächig blauen Diskus haben einen sehr hohen Reifegrad erreicht und als sogenannte „Blue Cover" sind die dem Blue Diamond gleichzustellenden Diskus auf der Preisliste zu finden. Höchstes Augenmerk wird darauf gelegt, nur gesunde Diskusfische zu verkaufen, so daß es für den Kunden keine Rückschläge gibt. Denn erst wenn sehr viele zufriedene Diskusliebhaber vorhanden sind, ist auch der Bestand an Fachgeschäften gesichert. Dies ist sicherlich ein sehr vernünftiger Standpunkt und nur so kann es funktionieren, den Hobby-Aquarianer auch bei diesem Hobby zu halten.

Cheng Wu Tak ist ein sehr junger Diskusliebhaber, der aber schon sehr viel Erfahrung besitzt.

Mit besonderen Diskuswildfängen soll es gelingen, eine eigene Zuchtlinie aufzubauen.

Nur der Wildfang zählt

Im Workshop von Wang Tai Discus wurde der Yellow Diamond Diskus von dem jungen Besitzer Mr. Cheng Wu Tak erstmals nachgezüchtet. Zu dieser Zeit war Cheng noch ein absoluter Anfänger in der Diskuszucht und er kaufte sich einige Diskus, um einfach einmal Diskusfische zu pflegen. Doch es gab zahlreiche Rückschläge und so faßte er später den Entschluß, einen Spezialladen für Diskusfische zu eröffnen. In diesem Geschäft sollten Aquarianer für den richtigen Umgang mit Diskusfischen geschult werden. Cheng wollte seinen Kunden die üblichen Rückschläge bei der Diskuspflege ersparen.

Heute gehören seine Kunden zu den erfahreneren Diskusliebhabern und die meisten bleiben diesem Hobby treu, wenn sie erst einmal positive Erfahrungen gemacht haben. Seine Kunden gehören auch zu einer gewissen Schicht, die etwas mehr Geld zur Verfügung hat und somit auch mehr Geld in die Pflege von Diskusfischen investieren kann.

Cheng möchte eines Tages seinen eigenen Diskusfarbschlag kreieren, doch momentan kümmert er sich besonders intensiv um reine Farbschläge, wobei er Diskuswildfänge absolut bevorzugt.

Das fünfte Heckelband reizt die Asiaten besonders stark und so wird auch in diesem Diskusshop versucht, dieses Heckelband in bestehende Zuchtlinien einzukreuzen. Hier wurde ein Heckel-Diskus mit einem sogenannten Yellow Diamond Diskus zur Verpaarung angesetzt.

Der Yellow Diamond Diskus ist das Resultat einer Zuchtauswahl, wobei die helle gelbe Körperfärbung durch hell ausfallende Wildfänge erzeugt wurde. Allerdings ist die Bezeichnung Yellow Diamond eine typische Handelsbezeichnung, denn solche Fische würden in Europa als Braune Diskus eingestuft werden.

Die Türkis-Diskus von Wang Tai Discus besitzen eine sehr gute Qualität und auffallend ist das gleichmäßige Türkis und die fast waagerechte Linierung. Auffallend schön ist auch das kräftig rot gefärbte Auge.

Diese Diskusvariante, die möglicherweise als Rottürkis-Diskus eingestuft werden könnte, ist der Geheimfavorit von Cheng und sicherlich kann man sagen, daß es sich hier um eine schöne Diskusform handelt.

Mr. Hou Juan Yau links und Mr. Shine Huang rechts.

Die Aquarien sind alle in hervorragendem, sauberen Zustand und hier handelt es sich wirklich um eine bestens organisierte Diskus-zuchtfarm.

Einblick in die Wasseraufbereitung dieser Diskusfarm, wobei die Umkehrosmose eine große Rolle spielt.

In einem großen Raum wird das Wasser in Tanks und Becken gelagert, um es reifen zu lassen, damit es beim Teilwasserwechsel problemlos benutzt werden kann.

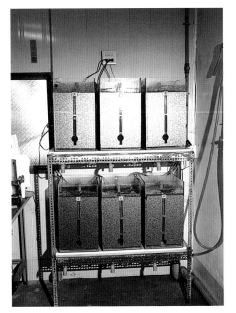

Gewaltig ist auch die Anlage, in der *Artemia*-Krebschen zum Schlüpfen gebracht werden, um anschließend an die Jungfische verfüttert werden zu können.

Eine Million Dollar Farm

Die Taiwan-Dollar sind nicht soviel wert wie die US-Dollar, aber dennoch handelt es sich hier um eine sehr gepflegte, teure Diskusanlage, die in Taiwan-Dollar wohl schon mehrere Millionen wert sein muß. In dieser Diskusfarm wurde ich sehr stark beeindruckt und dies, obwohl ich schon sehr viel besichtigt hatte. Vielleicht ist es ja nicht die größte Diskusfarm, aber sie ist sicherlich die Diskusfarm, die sich am intensivsten um das Wassermanagement kümmert. Da in Taichung wirklich schlechtes Leitungswasser zur Verfügung steht, um Diskusfische zu züchten, mußte hier sehr viel Energie in die Behandlung und Aufbereitung des Wassers investiert werden. Im Leitungswasser von Taichung wäre es nicht möglich, Diskusfische zu züchten.

Die totale Fläche der Diskusfarm beträgt etwa 1.000 m² und davon nimmt ein Viertel allein die Wasseraufbereitung ein. Die tägliche Wasserproduktion in dieser Farm beträgt etwa 10.000 Liter und insgesamt wer-

Ein sehr schöner Ica Red Diskus, wie er in großen Mengen in der Elegant Fish-farm zu finden ist.

Red Pearl Diskus, bei dem die Perlzeichnung in der Körpermitte jedoch nicht befriedigend ist.

Ein sehr heller Türkis-Diskus mit sehr hohen Braunanteil, was möglicherweise durch Wildfangeinkreuzung hervorgerufen wurde.

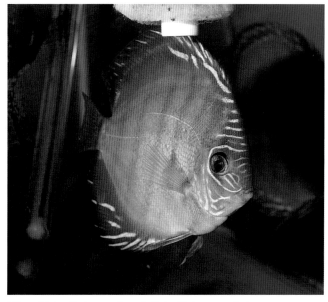

den ständig etwa 50.000 Liter Wasser gelagert, um für Teilwasserwechsel zur Verfügung zu stehen. Der Besitzer Mr. Shine Huang und seine rechte Hand Mr. Hou Juan Yau haben eine sehr intensive Beziehung zu Diskusfischen. Mr. Huang investierte über 10 Millionen Taiwan-Dollar in die Gebäude dieser erstklassigen Diskusfarm. Alles ist bestens organisiert und die einzelnen Zuchtabteilungen sind regelrecht in Gruppen aufgeteilt und so gibt es einen Spezialraum für das Aufziehen, einen Spezialraum für ausgewachsene Fische und natürlich darf ein Zuchtraum nicht fehlen. Sehr beliebt sind hier Diskusfische aus Deutschland und natürlich Wildfänge. In der Zukunft versucht Mr. Huang neue Farbschläge zu züchten und wir hoffen, daß er uns bald mit solchen schönen Diskusfischen überraschen wird.

Diese Diskusfische werden als Rote Diskus angeboten.

Mr. Hung Chin Fa ist heute der Vorsitzende der Diskusassociation in Taiwan.

Ein Blick auf Aufzuchtaquarien, in denen die Diskusfische in die Verkaufsgröße von fünf bis acht Zentimetern gebracht werden.

Ein Züchter mit Visionen

Eine sehr wichtige Figur in der Diskusszene Taichungs ist Mr. Hunga Chin Fa. Er begann vor fünf Jahren mit der professionellen Diskuszucht, aber seine Diskusfarm erstreckt sich heute über drei Stockwerke eines Gebäudes mit insgesamt 500 Quadratmetern Grundfläche. Er hatte vor dieser Zeit schon Diskusfische besessen und auch gezüchtet, jetzt betreibt er die Diskuszucht jedoch professionell, um mit Diskuswildfängen Kreuzungsversuche zu unternehmen. Im letzten Jahr gewann einer seiner Wildfangdiskus einen Preis in der Kategorie Wildfänge blau, während der weltbekannten Aquarama-Show in Singapur. Damit war er der zweite Taiwanese, dem es gelang, einen internationalen ersten Preis zu gewinnen. Im Moment ist seine Diskusfarm so ausgelegt, daß monatlich zwischen 3.000 und 5.000 Diskusjungfische zum Verkauf anstehen. Verkauft werden die Diskusfische hauptsächlich nach Japan, in die USA, aber auch an lokale Zoogeschäfte in Taiwan. Wie die meisten Züchter in Südostasien, hofft auch dieser Züchter, daß es ihm eines Tages gelingt, eine eigene Farbvariante zu züchten und zu stabilisieren. Favorisiert wäre hierbei eine Heckel-Kreuzung mit intensiver Rotfärbung. Aus diesem Grunde versucht er auch, Heckel-Diskus mit rotbraunen Wildfängen zu verpaaren, um eine solche Kombination möglich zu machen.

Ein Ica Red Diskus aus der Huey Hung Fish Farm.

Diskustypen, die dem Alenquer-Diskus entsprechen, sind immer noch sehr beliebt in Südostasien. Allerdings wird immer wieder versucht, die Farbe Rot bei diesen Fischen zu intensivieren.

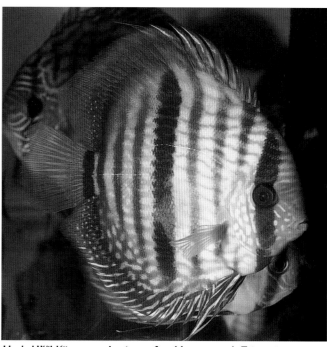

Heckel-Wildfänge werden in großen Mengen nach Taiwan importiert, um sie mit bestehenden Zuchtformen zu kreuzen und um eine neue Kreuzungsvariante hervorzubringen.

Bei diesem Alenquer-Diskus ist die rote Farbe wesentlich intensiver herausgearbeitet worden. Dieses Weibchen bewacht sein Gelege, welches einfach am Überlaufrohr angeheftet wurde.

Hier handelt es sich um eine F_1-Nachzucht, die angeblich von Heckel-Wildfängen stammt. Allerdings sind die typischen Heckelstreifen hier bereits verwaschen.

Herr und Frau Lo Chang Lai, die sich beide der Diskuszucht verschrieben haben.

Das Diskuszuchtwasser wird vor der Verwendung einige Tage in Plastikwannen vorbereitet und künstlich gealtert.

Ein Diskuspionier

Lo Chang Lai ist schon seit vielen Jahren im Diskusgeschäft und er kaufte seine ersten Diskusfische in Hongkong, um sie dann an Aquarianer weiterzuverkaufen. Eines Tages begann er dann, seine eigene Zuchtanlage aufzubauen. Er orientiert sich bei seinen Reisen stark daran, was in anderen Ländern an Diskusfischen gerade aktuell ist. Somit hat er möglicherweise gegenüber seinen Konkurrenten in Taiwan einen gewissen Vorsprung, da er sich auf diesen Reisen immer die entsprechenden Tiere kaufen kann. Wie die meisten professionellen Diskuszüchter versucht auch er, spezielle Markennamen für seine Diskusfische zu erfinden. So kreierte er beispielsweise den fantasievollen Namen „Picasso Red" und diese Diskus waren auf den heimatlichen Diskusmarkt auch sehr beliebt. Bei seinen jetzigen Red Spotted Green Diskus hat er teilweise hervorragende Erfolge, was die Vererbung der roten Punkte angeht. Obwohl seine Diskusanlage nicht sehr groß ist, gelingt es ihm doch, beachtliche Zuchterfolge hervorzubringen. Beachten Sie einmal die Red Spotted Green Diskus auf der gegenüberliegenden Seite.

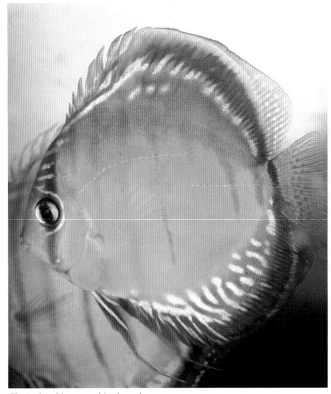

Typische Alenquer-Nachzucht.

Eine neue Kreation an Diskusfarben war dieser „Picasso Red", den Lo bereits vor drei Jahren auf den taiwanesischen Markt brachte. Diese goldgelbfarbenen Diskusfische zeichneten sich besonders durch einige rote Zeichnungen in den Flossensäumen, aber auch rote Körperpunkte aus. Die wenigen, aber intensiven türkisblauen Markierungen harmonieren wunderbar mit dieser goldgelb-roten Färbung.

Auch in der F$_2$-Generation der Red Spotted Green sind bemerkenswerte Tiere mit sehr vielen scharf abgegrenzten roten Punkten zu finden.

Ein Pärchen von Grünen Wildfängen, mit Jungfischen, die vom Körper der Allttiere fressen. Reine Wildfangnachzuchten sind sehr schwierig zu züchten.

Ausgewachsene Red Spotted Green der F$_2$, die bereits wieder zur Nachzucht schreiten.

Bei diesem Zuchtversuch soll ein möglichst intensiv gefärbter, roter Diskus entstehen.

Peter Lee ist einer der erfahrendsten Diskuszüchter Taiwans.

Ein internationaler Preisrichter

Peter Lee ist auch in Europa bereits durch seine Auftritte als internationaler Diskuspreisrichter bekannt geworden. Da Peter Lee bei zahlreichen internationalen Diskuswettbewerben als Preisrichter herangezogen wurde, besitzt er einen besonderen Status in seiner Heimat Taiwan. Er ist einer der ersten Diskuszüchter von Taiwan und bei einem Besuch seiner Diskuszuchtanlage sieht man, daß er eine sehr gute Auswahl an exzellenten Diskusfischen besitzt. Er hat zahlreiche Zuchterfolge mit Diskuswildfängen erzielt und züchtet diese in mehreren Generationen nach. Heute werden in Taiwan zweimal jährlich Diskusshows durchgeführt, bei deren Organisation er helfend eingreift.

F_1-Nachzucht aus Red Spotted Green Diskus. Allerdings ist hier die Punktzeichnung zu schwach.

Ausgewachsener F_1 Red Spotted Green mit einigen Körperpunkten, die allerdings nicht klar genug abgegrenzt sind. Auch erscheinen diese Punkte hier nicht rot genug. Gerade bei den Red Spotted Green legen die Asiaten größten Wert darauf, daß die Punkte auch tatsächlich kräftig rot gefärbt sind.

Hier wurde ein Grüner Wildfang mit einem Türkis-Diskus verpaart. Bei dieser Kombination ist es einfacher die Wildfänge zur Zucht zu bewegen.

Auch dieser Diskus wird als Red Spotted Green bezeichnet, obwohl die Bezeichnung Rottürkis oder Brillant-Türkis wesentlich glücklicher und ehrlicher wäre.

Typischer Alenquer-Diskus mit rotbraunen Farbanteilen. Das große Auge bei diesem Wildfang deutet daraufhin, daß das Tier schon älter ist.

Solche Diskusfische werden gerne als deutsche Brillant-Türkis bezeichnet, obwohl nicht sicher ist, daß die Vorfahren aus deutschen Zuchtstämmen stammen.

Bei diesem Rottürkis-Stamm entwickeln die Männchen eine beachtliche Körpergröße. Hier wird das Gelege bewacht.

Auch hier bei diesem Cobal Blue Diskus wurde die Zusatzbezeichnung „deutsch" verwendet, um ein Qualitätsmerkmal zu zeigen.

133

In Rottürkis-Linien kreuzte Weng sehr erfolgreich Rote Diskusfische ein, so daß jetzt eine stark gepunktete und geperlte Variante entstand, die nicht nur eine herrliche Körperform, sondern auch eine außergewöhnliche Zeichnung zeigt. Diskusfische mit solchen roten Punkten besitzen einen sehr hohen Marktwert und erzielen enorme Verkaufspreise.

Das Ehepaar Weng gab seine Tanzschule auf, um Diskusfische zu züchten.

Vom Formationstanz zum Diskus

Bevor Mr. Weng Jui Kang und seine Frau zur Diskuszucht gelangten, waren sie Tanzlehrer in Taipei. Doch vor sechs Jahren verfielen sie dem Diskufieber völlig und gaben ihre Tanzschule auf. Während der ersten Diskusshow in Taiwan, gewannen sie bereits mehrere Preise. Heute besitzen sie über 130 Diskusaquarien und einen speziellen Diskusshop. Als die Wengs vor drei Jahren anfingen Wildfangdiskus zu züchten, konnten sie noch nicht wissen, daß ihnen eines Tages der große Durchbruch mit dem Gewinn des Grand Champion der ersten internationalen Diskusshow in Duisburg gelingen würde. Der Gewinn dieser international so wichtigen Prämie war der Meilenstein in ihrem Diskusleben und sorgte dafür, daß ihre Diskuszucht weltbekannt wurde. Heute besitzen die beiden einen sehr gepflegten Diskusshop im Herzen Taipeis, wo wirklich fantastische Diskusfische zu sehen und zu erwerben sind. Das Championtier der Duisburger Show entstammt einer Ica Red Zuchtform, mit welcher bereits zahlreiche Kreuzungen vorgenommen wurde. Alle Nachzuchttiere zeigen den typischen, schwarzen Körperstreifen, so wie er auch hier bei diesem Paar deutlich zu sehen ist. Verstärkt wird die herrliche Rotfärbung bei diesen Wildfängen und ihren Nachzuchten durch den Einsatz spezieller Farbfutter, die allerdings nicht alleine für die rote Farbe verantwortlich sind. Es ist eine ganz gehörige Portion von natürlicher Rotfärbung vorhanden. Auffallend ist bei diesen Ica Red Diskus auch die schöne runde Körperform und die fantastische Beflossung. Die schwarzen Bänderzeichnungen bilden schöne Kon-

In solchen kleinen Aufzuchtbecken werden die Jungfische konzentriert gefüttert und bestens gepflegt.

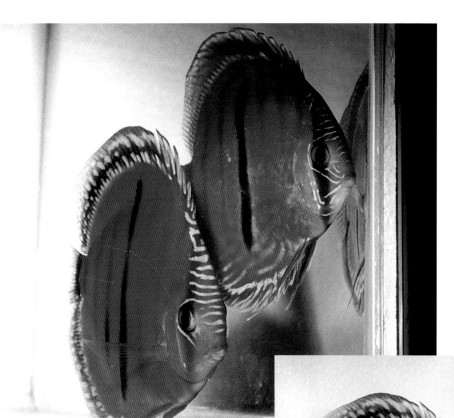

traste mit der rotbraunen Färbung. Durch den Gewinn des ersten internationalen Championats, erhielt dieser Züchter einen Vertrag mit einer taiwanesischen Diskusfutterfirma, was letztendlich auch einen erheblichen finanziellen Vorteil brachte. All das Geld, welches sowohl durch das Preisgeld, als auch durch den Werbevertrag eingenommen wurde, wurde wieder in die Diskuszuchtanlage gesteckt und kam dem Hobby zugute.

Die Zuchtanlage von Mr. Lin ist in einem Haus untergebracht und entspricht nicht den üblichen Vorstellungen einer Südostasiatischen Diskusfarm. Alle Aquarien sind technisch bestens ausgestattet, um möglichst effektiv mit ihnen zu arbeiten.

Ein jüngerer Fisch der Farbvariante der Red Spotted Green, die ja in Südostasien zur Zeit sehr beliebt sind.

Eine eigene Diskuswelt

Lin Li Ther züchtet seit acht Jahren Diskusfische und er besitzt über 100 Aquarien. Lin hat seine eigene Diskuswelt zusammengestellt und in dieser fühlt er sich sichtlich wohl. Schon früh gelang es ihm eigene blutrote Red Diamond zu züchten, die ihm in Taiwan einen sehr guten Namen verschafften. In dieser Diskuszuchtanlage wurde schon sehr früh eine automatische Wasserversorgung eingebaut. So ist es möglich, das Wasser mit wenigen Handgriffen zu wechseln.

Wie die meisten Züchter muß auch Mr. Lin auf die neuen Farbformen eingehen und so kam er letztendlich von den blauen Diskustypen zu den roten und rotgepunkteten Türkis-Varianten, sowie zu den inzwischen sehr aktuell gewordenen Snake Skin Diskus. Da mit über 100 Aquarien schon ein gewisses Platzpotential vorhanden ist, wird es nicht schwerfallen, in Zukunft interessante Varianten zu züchten.

Dieses Snake Skin Diskuspaar stammt von Penang, wo sich ja eine Hochburg der Snake Skin Diskuszucht befindet.

Durch Kreuzungen von Grünen Wildfängen mit bestehenden Zuchtlinien gelingt es immer wieder, farblich verblüffende Nachzuchtergebnisse zu erzielen. So konnte dieser Diskus mit einer orangeroten Grundfärbung und türkisen Linien aus einer solchen Paarung herausgezüchtet werden. Gerade das erfolgreiche Einkreuzen von Wildfängen bringt immer wieder gute Ergebnisse.

Diese Diskusfische wurden als Red Diamond von Lin Li Ther bezeichnet. Sicherlich lassen sich solche Diskusfische auch ganz profan mit der Bezeichnung Rottürkis anbieten, jedoch erwartet der Kunde in Asien einfach einen fantasievollen Handelsnamen, selbst wenn sich dann nur ein sehr schöner Rottürkis dahinter verbirgt.

Ebenfalls Grünes Wildfangblut bestimmt die Zeichnung dieses Nachzuchtdiskus. Deutlich sind noch einige typische Wildfangmerkmale zu erkennen und solche Farbabweichungen wie im Schwanzwurzelbereich stören den Besitzer bei der Weiterzucht wohl weniger. Interessant ist die hellbraune Kopfpartie.

Aus solchen Grünen Diskuswildfängen sollen die roten Körperpunkte auf die Nachkommen vererbt werden.

Die kleine Zuchtanlage ist vollgestopft mit Aquarien und quillt regelrecht aus allen Nähten. Da die Fische aufgezogen werden, um eine konsequente Zuchtauslese zu betreiben, ist sehr viel Platz nötig.

Auf der Straße zum Erfolg

In den schmalen Räumen eines Erdgeschosses in einem ganz normalen Wohngebäude in Taipei gibt es eine der erfolgversprechendsten Diskusfarmen Taiwans. Zwei Partner haben sich hier zusammengefunden und zwar sind dies Hevin Wang und Ku Weng Sung. Sie haben sich ganz auf die Verpaarung von Grünen Wildfängen mit Red Spotted Green Diskus verlegt. Diese beiden Zuchtlinien garantieren sehr gut geformte Nachzuchten und auch was die Zeichnung angeht, treten immer wieder überraschende Ergebnisse zu Tage. Seit rund drei Jahren haben sie keinen Fisch mehr verkauft und alle Jungfische aufgezogen. Sie kümmerten sich während dieser Zeit aufopfernd um ihre Red Spotted Green und warteten die Erfolge bei der Verpaarung ab. Erst wenn alle Merkmale bei den Nachzuchttieren stabilisiert sind, wollen sie ihre Zuchtlinie zum Verkauf anbieten. Die Jungfische entwickeln sich gut und durch Zuchtauswahl wird die Menge der roten Körperpunkte immer weiter heraufgesetzt. Andere Diskusfische werden aus dieser Farm nach Japan verkauft und in Zukunft werden dann auch diese Red Spotted Green, die jahrelang ausgelesen wurden, den japanischen Kunden angeboten.

Dieser junge Diskus zeigt eine sehr interessante rote Färbung in den Flossensäumen. Die Körperfarbe ist sehr blaß, was jedoch ein Zuchtziel zu sein scheint.

Diskusnachzucht von Paarungsversuchen aus Grünen Wildfängen, die mit Red Spotted Green verpaart wurden.

Die F_1 so mancher Zuchtvariante besitzt bereits zahlreiche rote Körperpunkte, die es noch mehr zu stabilisieren gilt.

Dieser Rottürkis zeigt eine sehr schöne hohe Körperform und auch diese ist immer Zuchtziel in Südostasien.

Die F_1-Nachzucht von Alenquer-Wilfängen zeigt immer noch sehr schöne Rottöne und diese harmonieren sehr gut mit der hellbraunen Körpergrundfärbung. Gerade von Alenquer-Wildfängen verspricht man sich ja sehr gute Ergebnisse beim Einkreuzen.

139

Ein ergeiziger Diskuszüchter

Der junge Michael Wu ist der Besitzer von „Formosa Discus Research Centre" und gleichzeitig ist er auch Mädchen für alles. Er ist erst seit vier Jahren in diesem Geschäft und kann somit als Newcomer bezeichnet werden. Natürlich hat er sich vor dieser Zeit schon mit der Pflege von Diskusfischen beschäftigt und dieses Hobby führt er bereits seit über zehn Jahren durch. Anfangs importierte er sehr viele deutsche Brillant-Türkis-Diskus und baute sich damit einen Diskusstamm auf.

Momentan gilt seine ganze Liebe den Wildfang-Diskus, wobei die Grünen Formen mit den roten Punkten absolut die größte Rolle spielen. Alle seine Aquarien sind in bester Verfassung und technisch ist diese Anlage gut

eingerichtet. In den Einzelaquarien bevorzugt er die Filterung mit einfachen Schwammfiltern, die zum Einen eine große Wirkung zeigen, und zum Anderen auch sehr einfach zu pflegen sind. Mit den Grünen Wildfängen fing es so an, daß er mit etwas Glück eine große Gruppe von acht bis zehn Zentimetern Winzlingen aufzog. Diese Fische bildeten die Basis und mit sehr Akribie wurden sie zu prächtigen Burschen herangezogen. Inzwischen haben sie auch schon begonnen abzulaichen und die Aufzucht der F1 ist auch gelungen. In diesen Wildfängen sieht Michael ein großes Potential für weitere Zuchtversuche. Er konnte auch einige Ica Red Wildfänge bekommen und die sogenannten Willischwartzi-Heckel, die ja eigentlich sehr selten im Handel sind.

Mr. Michael Wu Chih Mou.

Ein Paar Grüner Wildfänge mit Punkten, wobei das hier rechts stehende Weibchen gerade den Großteil der noch winzigen Jungfische führt.

Die Diskuskollektion des „Formosa Discus Research Centre"

  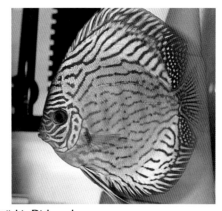

Von deutschen Diskusstämmen stammen dieser flächig blaue Diskus und die rechts stehenden Rottürkis-Diskus ab.

Ica Red Wildfänge.   Deutscher Rottürkis.   Willischwartzi-Heckelwildfänge.

 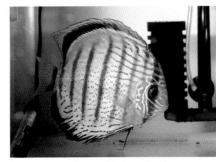 

Die obigen neun Bilder zeigen einen Querschnitt der gut gepunkteten Grünen Wildfänge.

Mr. Liao Hsia Chung.

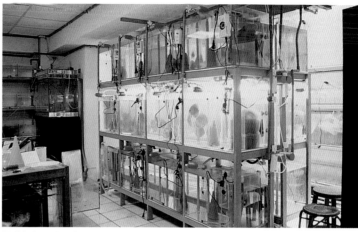

Einblick in den Zuchtraum, der im Erdgeschoß des Hauses eingrichtet ist.

Ein bedeutender Diskuszüchter

Liao Hsia Chung ist leider vor kurzem verstorben und mit ihm hat Taiwan einen bemerkenswerten Züchter verloren, denn er war gleichzeitig auch bis zu seinem Ableben Vorsitzender der Discusassociation in Taiwan. In den guten alten Tagen hatte Mr. Liao aus Hongkong Diskusfische importiert und in Taiwan weiterverkauft. Im Verlaufe seiner Fischkarriere kümmerte er sich dann auch bald um die Zucht von ausgefallenen Guppys. Aus Malaysia importierte er interessante Snake Skin Diskus und auch ausgefallene Wildfänge wie Willischwartzi-Heckel und Alenquer-Diskus bereicherten seine Kollektion. Mr. Liao bemühte sich sehr intensiv um die Anerkennung der Diskuszucht in Taiwan und durch die Gründung einer Discusassociation gelang es ihm auch, sein Land international weiter nach vorne zu bringen. Heute nehmen zahlreiche taiwanesische Diskuszüchter an internationalen Shows teil und gewinnen immer wieder respektable Preise. Durch die sehr gute wirtschaftliche Lage Taiwans ist die Diskuszucht nicht mehr das Hobby einiger weniger priviligierter, sondern heute kann jedermann Diskusfische pflegen bzw. sogar züchten.

Die Snake Skin Diskus zeigen oft 14 Senkrechtstreifen und bei diesem Fisch sind sie gut zu erkennen.

Ein völlig flächiger cobaltblauer Diskus, der sein Gelege bewacht.

Grüne Diskuswildfänge, die viele rote Punkte besitzen, sind für Einkreuzungen sehr gesucht, und es gelingt den Asiaten immer wieder,
mit solchen Wildfängen neue Zuchtvarianten zu kreieren. Der Boom,
den solche Grüne Wildfänge während der letzten fünf Jahre erleb-
ten, ist geradezu gigantisch. Auch im Moment ist dieser Trend noch
ungbrochen.

Eine seltener Willischwartzi-Heckel-Wildfang, bei dem die typische
Heckel-Zeichnung nur verwaschen zu erkennen ist.

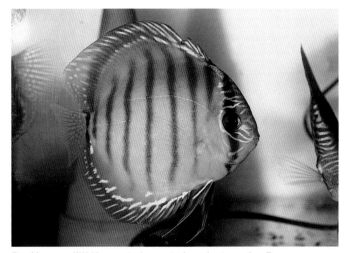

Ein Alenquer-Wildfang mit der typischen, kreisrunden Form.

Als Royal Blue Wildfang kann dieser Diskus bezeichnet werden.

Thailand - Ein typischer Diskusstaat

Red Royal Blue und Pigeon Blood

Die Red Royal Blue Diskus und die Pigeon Blood Diskus sind die Edelsteine der Diskuszucht in Thailand. Der Red Royal Blue wird liebevoll RRB abgekürzt. Diese RRB Diskus sind wahre Schätze, denn seit Jahrzehnten werden sie in Thailand gepflegt und nachgezüchtet und diese exzellenten Diskusfische sind eine wahre Säule des Diskusexports. Man kann die RRB Diskus wirklich als Bestseller bezeichnen. Lange Jahre ist es Tradition, die Diskusjungfische vor dem Versand noch mit Hormonfutter zu füttern, um die Farbe zu intensivieren. Langsam beginnt man jedoch umzudenken, aber andererseits wird sehr viel Farbfutter eingesetzt.

Ein anderes Highlight in der Diskuszucht Thailands ist der Pigeon Blood Diskus geworden. Durch die Zuchtform der Pigeon Blood Diskus hat sich die Diskuswelt in den letzten Jahren tatsächlich erheblich verändert, denn diese einmaligen Fische konnten durch ihre Kreuzungsbereitschaft und das Einbringen ihrer Farbgene immer wieder für neue Zuchtvarianten sorgen.

Mit den Pigeon Blood Diskus und den Red Royal Blue Diskus hat Thailand zwei wichtige Beiträge zur Diskuszucht geleistet und auf diesen Fische baut sich auch heute noch die Diskuswirtschaft Thailands auf.

Durch den enormen Erfolg dieser Diskuszuchtformen konnten die örtlichen Diskuszüchter zu einer regelrechten Massenzucht schreiten. Diskusfarmen entstanden in Bangkok, dem Zentrum der thailändischen Diskuszucht, wie kleine Fabriken. Und tatsächlich muß man sich heute fragen, ob es in Thailand überhaupt noch andere Diskusfische außer diesen beiden Zuchtformen gibt. Die Antwort ist ganz einfach ja, denn der Trend in Asien ist es, immer spezielle Diskustypen zu züchten, um den Kunden neue Farbformen anbieten zu können. Nur durch ständige neue Farbkreationen gelingt es, die anspruchsvollen Kunden, die hauptsächlich aus Japan stammen, immer wieder für Diskusfische zu interessieren. In Thailand gibt es einige sehr progressive Züchter, die ständig Experimente unternehmen, um neue Diskusvarianten zu züchten. Zu berücksichtigen ist, daß ja die Diskuszucht in Thailand für den Züchter Broterwerb bedeutet, denn alle Zuchtbetriebe haben wirtschaftliches Interesse und somit muß der Verkauf an erster Stelle stehen. Die thailändischen Diskusfarmen unterscheiden sich erheblich von denen der asiatischen Nachbarn.

Durch Farbfutter werden die Rottöne stark intensiviert.

Die Diskusfarmen in Bangkok lassen sich in vier Typen einteilen:

Typ 1: Kleine Diskusfarmen, die die üblichen Diskustypen in großen Mengen züchten, um sie dann an andere Farmen zum Weiterverkauf abzugeben.

Typ 2: Ausschließlich Aufzucht von Jungfischen bis zu einer Größe von etwa vier bis fünf Zentimetern, mit Abgabe dieser Fische an Exporteure.

Typ 3: Zuchtfarmen, die in der Lage sind, eigene Fische zu züchten und auch erfolgreich zu exportieren.

Typ 4: Diese Zuchtfarmen kümmern sich ausschließlich um neue Farbvarianten und dann handelt es sich meist um kleinere Hobby-Farmen, die auf den großen Durchbruch warten.

Durch die Pigeon Blood Diskus wurden die Thailand-Diskus weltberühmt und heute gibt es Pigeon Blood Diskus in vielerlei Farbvarianten. Die Farbmerkmale reichen von leuchtend rot bis leuchtend blau. Die schwarzen Pigmente, die für die ersten Pigeon Blood so typisch waren, sind weitgehend weggezüchtet worden. Pigeon Blood Diskus haben sich als sehr leicht haltbare Diskusfische weltweit bewährt.

In Thailand lassen sich auch sehr gut Cobaltblaue Diskusfische verkaufen.

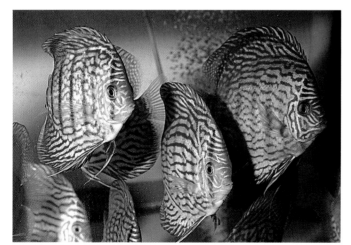

Der Klassiker in Thailand ist der Red Royal Blue Diskus.

Eine neue Generation von Pigeon Blood Diskus.

Mr. Ling Kwai Ming züchtet schon seit über 30 Jahren Diskusfische in Bangkok.

Diese Aquarienanlage hat Ming selbst gebaut und er verkauft auch solche Aquarien.

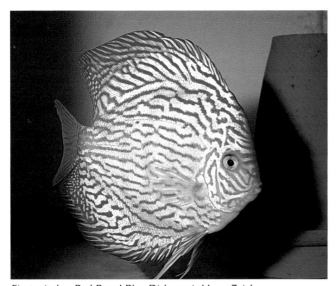

Ein typischer Red Royal Blue Diskus mit klarer Zeichnung.

Bei diesem Red Royal Blue sind einige typische Perlzeichnungen zu sehen, die ihm dann schnell den Zusatznamen Perl-Diskus verleihen.

Ein Red Royal Blue-Experte

Lin Kwai Ming ist ein 58 Jahre alter Chinese mit einer eigenen typischen Zuchtfarm. In seiner Farm züchtet er hauptsächlich den RRB und Pigeon Blood Diskus. Auf 300 Quadratmetern stehen 180 Aquarien bereit und bis zu 100 Zuchtpaare der beiden genannten Diskustypen können eine beachtliche Produktion von bis zu 10.000 Jungfischen im Monat hervorbringen. Beachtlich ist, daß Ming schon seit rund 30 Jahren Diskusfische in Thailand züchtet. Die thailändische Diskuszucht hat also tatsächlich Tradition. In den Anfängen konnte ein exzellentes Red Royal Blue Diskuszuchtpaar durchaus einen Preis von 10.000 bis 20.000 Baht erzielen. Dies entspricht heute einem Betrag von rund 1.000 DM. Doch vergleichen läßt sich dies so nicht, denn vor 30 Jahren konnte für 20.000 Baht erheblich mehr gekauft werden, als dies heute der Fall ist. So kostete vor 30 Jahren ein einfaches Wohnhaus in Bangkoks Vororten ungefähr 50.000 Baht, was wiederum den Rückschluß zuläßt, daß man für drei Zuchtpaare ein Haus in Bangkoks Vororten kaufen konnte. Dies macht klar, daß es sich bei Diskusfischen schon manchmal um Schätze handeln kann. Besonders dann, wenn die Fische noch neu auf dem Markt sind und wirklich etwas besonderes bedeuten, wie dies ja bei den Pigeon Blood Diskus der Fall war. So konnte der erste Großzüchter dieser Variante gewaltige wirtschaftliche Vorteile aus den Pigeon Blood Diskus ziehen.

Wie in Südostasien üblich, werden die Gelege der Diskusfische meist mit Maschendraht vor den Eltern
geschützt. Man hat sich diese Technik angeeignet und
einfach beibehalten. Die Diskusfische verlieren ihren
Pflegetrieb durch das Schützen des Geleges nicht und
bewachen es dennoch. Die geschlüpften Larven können
durch den Maschendraht an die Körper der Eltern
schwimmen und dort das Hautsekret fressen.

Ming möchte seine Diskusfarm natürlich noch weiter
ausbauen, denn er besitzt wirklich exzellente Diskusfische und macht auch nicht den Fehler, diese mit Hormonen zu füttern. Als die ersten roten Marlboro Diskus
in Thailand auftauchten, ließ Ming sich ebenfalls hinreißen,
Exemplare von Kitti zu enormen Preisen zu erwerben.
Als Nebengeschäft hat er eine kleine Produktionsstätte
für Aquarien aufgebaut, in der er sehr schön anzuschauende Gestellaquarien produziert. Ming ist ein Beispiel dafür, daß man sich mit Diskusfischen einen Beruf
aufbauen kann und diesen zufrieden für viele Jahrzehnte ausüben darf.

Ein typischer Marlboro Red Diskus, wie er in Thailand erstmals
nachgezüchtet wurde.

Bei diesem Pigeon
Blood Diskus sind
noch erheblich viele
schwarze Farbpigmente sichtbar. Erst
durch das Wegzüchten dieser schwarzen
Farbzellen gelingt es,
die Pigeon Blood Diskus farblich noch
interessanter zu
machen.

Bei diesem Red Royal
Blue Paar wurde das
Gelege durch Draht
geschützt.

Da alle Aufzuchtaquarien stark besetzt sind, ist es wichtig, täglich ein- bis zweimal einen Teilwasserwechsel durchzuführen. Zu beachten ist, daß in diesen Aquarien keine Filter angeschlossen sind. Zur Wasserbewegung und zusätzlichen Sauerstoffversorgung besitzt jedes Aquarium einen Ausströmerstein. Dies ist aber bereits die einzige Technik, denn auch Heizer sind in Thailand selbstverständlich völlig überflüssig.

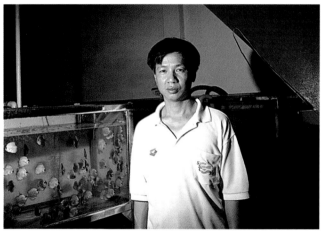

Mr. Cheung Wan Shui züchtet bereits seit zehn Jahren Diskusfische und wie man auf den Bildern sehen kann, haben er und sein Partner auch viel Erfolg dabei.

Züchten wie die Profis

Cheung Wan Shui und Wong Chung Yuen besitzen eine professionell ausgestattete Diskusfarm und hier ist das Wort Farm so zu interpretieren, daß sich die Zuchträume nicht im Freien auf dem Lande, sondern inmitten Bangkoks pulsierendem Leben befinden. Die beiden Züchter konzentrieren sich auf die beliebtestens Diskustypen, welches im Moment Pigeon Blood, Red Royal Blue und natürlich immer wieder die Cobaltblauen Diskus sind. Sie können ohne Probleme zwischen 10.000 und 30.000 Diskusjungfische pro Monat züchten. Die tatsächlich gezüchtete Anzahl ist immer etwas von der Marktlage abhängig. Da es sich hier bei den Nachzuchten um in erster Linie preiswerte, um nicht zu sagen billige Diskusfische handelt, können diese Diskus kaum in Konkurrenz mit den hochwertigen Diskusfischen Hongkongs stehen. Es handelt sich also um eine Massenproduktion, die ganz gezielte Bedürfnisse nach preiswerten Diskus befriedigen soll.

Besucht man solche Diskusfarmen, stellt man immer wieder fest, daß die Aquarien immer überbesetzt aussehen. Aus diesem Grund muß auch täglich zweimal ein fast 100 %iger Wasserwechsel durchgeführt werden. Dies ist die einzige Möglichkeit, um die Diskusfische gesund zu erhalten. Würde die Wasserqualität dramatisch verschlechtert, käme es zu Ausfällen durch auftretende Krankheiten.

Wenn die Diskusjungfische eine Größe von etwa sechs Zentimetern erreicht haben, sollen sie verkauft werden und aus diesem Grunde wird meist kurz vor dem Verkauf eine Hormonfütterung vorgenommen. Die Fische

Der vorhandene Platz wird ausgenutzt und die Aquarien sind übervoll.

Wong Chung Yuen informiert sich auch in Europa über Diskusstandards und er besucht die wichtigsten Diskusausstellungen.

bekommen dann eine sehr intensive Färbung und man macht sich leider wenig Gedanken, ob diese Hormone möglicherweise zu Schädigungen führen können. Es ist einfach Jahrzehnte lang üblich, die Fische zu färben, bzw. die vorhandene Farbe zu verstärken.

Es gibt in Bangkok und Umgebung mehr als 100 solcher typischen Diskusfarmen und wenn man diese Zahl betrachtet, kann man sich vorstellen, welche Menge an Diskusfischen als Massenware monatlich Bangkok verlassen.

Dieses dreistöckige Gebäude wird in allen Etagen zur Diskuszucht benutzt und die Bewohner und Mitarbeiter leben gleichzeitig noch in diesem Gebäude. So kann eine typische Diskusfarm in Südostasien auch aussehen.

Wie in einer Fabrik sind die Aquarien nebeneinander aufgereiht.

Ein Braunes Zuchtpaar bei der Eiablage.

Lim Sui Lung hat bereits 20 Jahre Diskuserfahrung und dies merkt man, denn die Diskuszucht gelingt ihm regelmäßig.

Innerhalb der Gebäude ist alles mit Aquarien vollgepfercht und jeder Zentimeter ist ausgenutzt worden.

Ein typischer Diskuszüchter in Thailand

Die Dragon Farm von Lim Sui Lung ist sehr groß und dieser Chinese züchtet schon über 20 Jahre Diskusfische. Die Farm trägt sich wirtschaftlich selbst und es gelang Lim sogar selbst Diskusfische zu exportieren. Er ist somit teilweise unabhängig von Exporteuren. Auf einer Grundfläche von ungefähr 350 Quadratmetern befinden sich 300 Aquarien und somit fällt es nicht schwer, etwa 10.000 Diskusfische pro Monat zu züchten. Hauptsächlich Red Royal Blue, Pigeon Blood, flächig blaue Diskus, aber auch Geister-Diskus werden hier gezüchtet. Bei der riesen Diskus-Menge, die hier gezüchtet wird, ist es immer wieder verblüffend, welche guten Qualitäten vorzufinden sind. Es würde sich lohnen in dieser Diskusanlage einmal in völliger Ruhe durch die Reihen der Aquarien zu schlendern und vielleicht den einen oder anderen Diskus aussuchen zu können. Allerdings befinden sich solche Farmen etwas abseits vom Touristenstrom und sind nur mit Insiderhilfe zu finden.

Sehr interessant ist die Verpaarung eines Geister-Diskus mit einem Braunen Diskus verlaufen.

Typischer Pigeon Blood Diskus der heutigen Zuchtform.

Wirtschaftlich sehr wichtig sind Pigeon Blood Diskus für die Dragon-Farm.

Fische mit eigentümlicher Zeichnung werden immer aufgehoben und aufgezogen.

Auch hier ist wieder ein sonderbarer Fisch aufgetaucht und selbstverständlich wird er nicht verkauft, denn man erhofft sich, daß solche Merkmale erbfest sein könnten und somit werden solche Fische für spätere Zuchtzwecke eingesetzt.

Die starke Rotfärbung ist nicht unbedingt auf Hormonfütterung zurückzuführen, sondern resultiert oft aus Zuchterfolgen und einer zusätzlichen Fütterung mit Eiern von Süßwassergarnelen. Alle carotinoidhaltigen Futterstoffe sorgen für eine Farbverbesserung.

Steven Yeung und seine Frau, die ihm bei der Versorgung der Diskusfische immer behilflich ist.

In dieser Abteilung werden die erwachsenen Fische gepflegt. Der große Wasserbehälter für das aufbereitete Wasser ist ein wichtiger Bestandteil für den Teilwasserwechsel.

In drei Reihen sind die Zuchtaquarien angeordnet und alle besitzen einen Wasserinhalt von durchschnittlich 150 Litern.

Der Meister - Steven Yeung

Steven Yeung ist eine schillernde Persönlichkeit in Thailands Diskusszene. Er wurde in Kambodscha geboren und begann seine Diskuskarriere in Hongkong. Seit rund 15 Jahren hat er sich diesen Fischen verschrieben und in Hongkong besaß er eine beachtliche Diskuszuchtanlage. Durch eine Heirat kam er vor drei Jahren nach Bangkok und baute hier eine völlig neue, sehenswerte Zuchtanlage auf. Steven Yeung ist international als Preisrichter für Diskusshows hoch angesehen und so konnte er vor zwei Jahren bereits in Duisburg bei dem ersten Championat Diskusfische bewerten. In Hongkong züchtete er hauptsächlich brillantblaue Diskusfische, die dort hohe Preise erzielten. In Thailand wandte er sich dann den Pigeon Blood Formen und vor allem den Snake Skin Diskus zu. Da es in Bangkok verschiedene Wasserqualitäten gibt und die Wasserzusammensetzung immer stark von der Lage des Stadtteils - in welchem man sich befindet - abhängig ist, mußte Yeung seine Diskusfarm bereits einmal verlegen, um in den Genuß besserer Wasserqualität zu kommen.

Alle Züchter in Bangkok haben es sich angewöhnt, Leitungswasser in großen Tanks zu lagern, so daß für den Teilwasserwechsel immer abgelagertes Wasser zur Verfügung steht. So ist auch gewährleistet, daß sämtliche Chlorrückstände entfernt wurden.

Neben den interessanten Snake Skin Varianten pflegt Yeung auch die klassische thailändische Diskusform, den Red Royal Blue. Gerade die Red Royal Blue mit ihrer interessanten klassischen Färbung könnten in Zukunft wieder die Herzen der Europäer im Sturm erobern.

Kreuzungsversuche mit Pigeon Blood Diskus und Braunen Diskus ergaben solche interessant gefärbte Nachkommen.

Red Royal Blue mit starkem braunem Einschlag. Dieser Fisch entspricht nicht dem typischen RRB-Typ.

Typisch für die Marlboro Red Diskus sind die hellen Köpfe im Verhältnis zur stark roten Körperfärbung.

Dieser Snake Skin trägt RRB-Blut in sich, was vielleicht daran zu erkennen ist, daß die Grundfärbung doch rotbraun durchscheint.

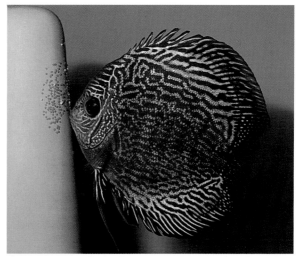

Auch bei diesem Snake Skin scheint die rotbraune Grundfärbung noch kräftig durch. Dieses Männchen bewacht sein Gelege.

Typischer, klassischer Red Royal Blue Diskus der Spitzenklasse.

Eine Kreuzungsvariante zwischen Pigeon Blood und flächigem Türkis-Diskus.

Der Vater der Pigeon Blood

Während der Aquarama-Show 1991 überraschte Kitti Phanaitthi die gesamte Diskuswelt. Über Nacht wurde Kitti weltbekannt, denn was er zu bieten hatte, waren die neuen Pigeon Blood Diskus. Pigeon Blood Diskus sind die weltweit populärsten Diskusfische geworden. Wie es gelang, die Pigeon Blood Diskus zu züchten, ist bis heute eigentlich nicht defenitiv geklärt und es gibt nur Behauptungen, daß Kitti diese Fische von einem unbekannten Diskuszüchter in Bangkok gekauft hatte, da dieser die fehlerhaften Jungfische bei seinem Exporteur nicht anbringen konnte. Kitti soll dann erkannt haben, um welche Juwelen es sich handelte und als die aufgezogenen Alttiere dann auch fehlerfrei ihre Merkmale vererbten, war die Sensation perfekt.

Bereits 1994 erschütterte Kitti wieder die Diskuswelt, denn jetzt stellte er während der Diskusshow in Penang einen roten Marlboro Diskus vor. Während die meisten Züchter dieser Welt versuchten, völlig flächig rote Diskus aus Alenquer-Wildfängen zu züchten, wie dies Dr. Schmidt-Focke vormachte, konnte Kitti einen sehr untraditionellen Weg der Verpaarung von Diskusfischen einschlagen. Er hatte mit dem Pigeon Blood Diskus enorm viele rote Diskusgene zur Verfügung, so daß bei einer Kreuzung von Pigeon Blood und Braunen Diskusfischen der wirklich rote Marlboro Red entstehen konnte. Marlboro Red Diskus sind wirklich revolutionäre Diskusfische und sicherlich wird auch in Zukunft immer wieder etwas neues aus dieser Diskuszuchtschmiede auf dem Weltmarkt erscheinen.

Kitti war auch der erste professionelle Züchter in Thailand, der Diskuswildfänge in seine Zuchtlinien einkreuzte. Besonders Grüne Wildfänge mit roten Punkten, aber auch Braune Wildfänge bildeten hier die Basis für neue Zuchterfolge. Kreuzungsversuche zwischen Marlboro Red und Snake Skin Diskus führten inzwischen schon zu ersten Erfolgen in Richtung roter Snake Skin Diskus. In Kürze dürften diese erhältlich sein.

Der legendäre Diskuszüchter Kitti Phanaitthi wurde durch seine Pigeon Blood weltberühmt und finanziell völlig unabhängig. Bei ihm kam der Traum durch, daß man auch durch Diskusfische noch sehr wohlhabend werden kann.

Kreuzungsvariante aus Pigeon Blood und Snake Skin, die wahrscheinlich auch Tefé-Wildfangblut besitzt. Solche auffallenden Diskusfische sind das Ergebnis einer strengen Zuchtauslese. Alle Jungfische dieser Bruten werden über mehrere Monate auf Auffälligkeiten hin betrachtet und keinesfalls zu früh verkauft.

Eine interessante Farbvariante von Marlboro Red Diskus und Braunen Diskus. Kitti verpaart niemals zwei Marlboro Red miteinander, denn die Ergebnisse sind erstaunlicherweise unbefriedigend.

Ein Marlboro Red Diskus der zweiten Generation. Seltsamerweise besitzen alle Marlboro-Diskus bis heute eine helle Kopfpartie.

Hier wurde ein rotes Männchen mit einem blauen Snake Skin Weibchen verpaart, um rote Snake Skin Diskus zu erhalten.

Die dritte Generation eines Kreuzungsversuchs aus Pigeon Blood und Marlboro Red mit auffallend vielen roten Punkten.

F₁-Nachzucht aus Pigeon Blood Diskus und Grünem Wildfang.

Gepunktete Marlboro Red Diskus sind jetzt das Hauptzuchtziel in Kittis Anlage.

Ebenfalls in der dritten Generation werden diese Pigeon Blood Kreuzungen mit Snake Skin gezüchtet.

Sakon rast mit seinem Motorrad von Fischfarm zu Fischfarm und berät dabei auch seine Kollegen.

Endlose Reihen mit Aquarien durchziehen die gesamten Zuchträume, denn Platzprobleme gibt es bei dieser Art von Zuchtfarm immer.

Ein Diskuspionier

Mr. Sakon Naramanitmontree ist ein in Thailand sehr bekannter Diskuszüchter, denn er spielt hinter den Kulissen eine bedeutende Rolle. Sakon begann vor zehn Jahren mit dem Export von Red Royal Blue Diskus. Vor drei Jahren befaßte er sich intensiv mit dem Einkreuzen von Wildfängen in bestehende thailändische Zuchtlinien. Sein Interesse galt neuen Varianten, ohne dabei den finanziellen Aspekt unbedingt in den Vordergrund stellen zu müssen. Sakon experimentierte mit seinen Diskusfischen und dabei kam ihm selbstverständlich die geographische Lage Thailands zu Hilfe, denn in seiner Zuchtanlage kann er Diskusfische ausschließlich mit Teilwasserwechseln zum Ablaichen und Züchten bringen. Es ist an technischer Einrichtung kein Filter und keine Heizung erforderlich. Diese Vorteile, die die thailändischen Züchter hier haben, konnte Sakon bei seinen Versuchen sehr gut ausnutzen, denn so hatte er die Möglichkeit, die Jungfische so lange zu beobachten, bis ihre Farbanlage deutlich sichtbar wurde. Die interessantesten Fische wurden dann ausgelesen und aufgezogen.

Rote Diskusfische, die aus Kreuzungen von Marlboro Red und Braunen Diskus gezüchtet wurden, bilden heute einen wichtigen Bestandteil seiner Zuchtlinien. Bei den Wildfangkreuzungen ist es so, daß die Jungfische ebenfalls fast ausnahmslos bis zu einem Alter von etwa zehn Monaten aufgezogen werden. Danach können die besten und auffälligsten Fische aussortiert und zur Weiterzucht verwendet werden. Dies setzt natürlich voraus, daß genügend Platz und Zeit vorhanden ist, um solche Experimente konsequent durchzuziehen.

An Lebendfutter werden hauptsächlich *Tubifex* verfüttert und diese Würmer müssen in Plastikschüsseln mit fließendem Wasser vor dem Verfüttern gut gereinigt werden.

Ein Zuchtpaar von roten Pigeon Blood Diskus, welches erste Laich-
vorbereitungen zeigt.

Dieses Paar aus Marlboro und Pigeon Blood Diskus führt Junge.
Auffallend ist, daß die Pigeon Blood Diskus auch während der
Laichphase keinerlei Senkrechtstreifen zeigen.

Das vordere rote Tier ist ein außerordentlich schönes Weibchen und
Ergebnis einer Zuchtauslese.

Dieses Paar Pigeon Blood zeigt eine interessante rosa Färbung, die
ungewöhnlich ist.

Eine seltsame Zuchtform
stellt dieser Kreuzungsversuch aus Braunem Diskus
mit Penang Geister-Diskus
dar.

Die Pigeon Blood Diskus sind sehr klar gezeichnet und besitzen alle eine perfekte Körperform. Man könnte behaupten, daß es sich hier um ausgesuchte Einzelstücke handelt.

Ein sehr engagierter Diskuszüchter, der auf Qualität bedacht ist, ist Mr. Saguan Viriyamontre.

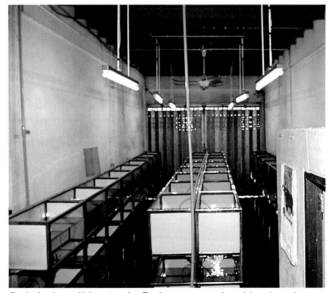

Einfach aber effektiv ist der Zuchtraum gestaltet. Vier doppelstöckige Aquarienreihen beherbergen in der Mitte die Zuchtpaare und in den anderen Becken die Jungfische, die aufgezogen werden sollen. Täglich wird einmal komplett das Wasser gewechselt und das Frischwasser wird mindestens einen Tag zuvor in großen Behältern belüftet.

Qualität ist gefragt

Wie Kitti und Sakon gehört auch Saguan Viriyamontre zu den elitären Diskuszüchtern Thailands. Er hat schon über zehn Jahre Diskusfische mit Erfolg nachgezogen und vor drei Jahren verschrieb er sich ganz den Pigeon Blood Diskus in höchster Qualität. Er kaufte 15 ausgewählte Pigeon Blood Diskus aus Kittis Zucht und ebenfalls einige Grüne Wildfänge mit roten Punkten. Mit dieser Basisformation fing er dann an zu arbeiten. Pigeon Blood Diskus wurden erfolgreich mit Grünen Wildfängen gekreuzt und jetzt zeigen diese Pigeon Blood bereits eine interessante rote Punktierung. Wichtig ist in dieser Zuchtanlage die Gesundheit der Fische und dies merkt man diesen auch an. Die Aquarien sind alle sehr sauber und täglich wird das Wasser komplett ausgewechselt. Dies macht es auch möglich, die Aquarien ohne Filter zu betreiben. Lediglich ein Luftausströmer ist pro Aquarium vorhanden.

Da die Qualität in dieser Zuchtanlage stimmt, gelingt es, Diskusfische in alle Welt zu exportieren. Oft ist die Masse nicht entscheidend, sondern eben doch die Qualität.

Ein typisches Beispiel, weshalb Pigeon Blood Diskus weltweit so beliebt wurden. Diese farbenprächtigen Diskusfische sind sehr einfach zu pflegen.

Kreuzungsvariante zwischen Pigeon Blood und Grünem Wildfang mit roten Punkten. Dieser Jungfisch zeigt bereits eine interessante Rotfärbung.

Auch türkisblaue Pigeon Blood Varianten sind sehr gefragt.

Kreuzungsvariante aus Pigeon Blood und Grünem Wildfang. Die Zeichnung dieser Jungfische fällt sehr unterschiedlich aus.

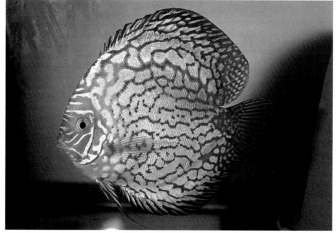

Auch bei diesem Pigeon Blood ist die Einkreuzung von Türkis-Diskus deutlich sichtbar.

Pigeon Blood mit sehr heller goldfarbener Grunfärbung.

Die Rückkehr von Vietnam

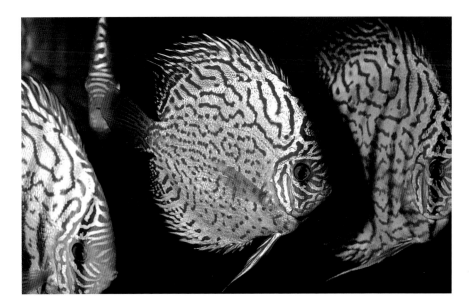

Die hohe Qualität der rottürkisen Diskusvariante Vietnams stammt von den Red Royal Blue
Thailands ab. Überall sind perfekt gezeichnete
und gut geformte Rottürkis-Diskus zu finden.

Diskuszucht in Vietnam - vor und nach dem Krieg

Im Vergleich zu Hongkong und Thailand hatte Vietnam
einen sehr späten Start, was die Diskuszucht angeht.
Diskusfische werden in der vietnamesischen Landes-
sprache als Tellerfische bezeichnet, was auf ihre Form
hindeutet. In Vietnam wurden bis 1965 keine Diskusfische gepflegt. Der älteste Diskuszüchter Mr. Liu Wo
Ping berichtet, daß ab 1965 Diskusfische aus Hongkong
und Thailand nach Saigon (später Ho Chi Minh City) importiert wurden. Während dieser ersten Tage wurden für
Diskuspaare, die importiert worden sind, 150.000 Dong
bezahlt, was eine astronomische Summe war. Zu vergleichen wäre diese Summe mit einem Gegenwert eines
Hauses von 100 Quadratmetern Grundfläche vergleich-
bar. Liu Wu Ping ist heute über 75 Jahre alt und ursprünglich stammt er aus China, emigrierte aber später als
junger Mann nach Vietnam. Er war der erste Pionier
der Diskuszucht in Vietnam. Zuerst konnten Diksufische
aus Vietnam nach Thailand und Singapur exportiert werden, aber so richtig in Schwung kam dieser Handel nie.

Den Europäern ist der alte Name Saigon besser bekannt, als der
heutige Name Ho Chi Minh City.

Zierfische sind in Vietnam sehr beliebt und deshalb wächst die Zahl
der kleinen Straßengeschäfte ständig weiter an.

Obwohl es meist nur kleine Zoogeschäfte sind, gibt es hier doch eine Vielzahl von Fischarten und interessantem Zubehör.

Hinter die Gesellschaftsaquarien wird gerne ein dreidimensionaler Hintergrund gestellt, der eine gewisse Tiefe vorgaukelt.

Vor den Geschäften stehen Schüsseln mit den beliebtesten Zierfischen zum direkten Verkauf bereit.

Jedoch nach dem Vietnam-Krieg und dem Zusammenschluß des Landes konnte anfangs keine Diskuszucht betrieben werden, denn solch exotische Hobbys konnte sich niemand leisten.

Vietnam ist weniger entwickelt als die Nachbarländer, und dennoch ist die Qualität der Diskusfische nicht entsprechend schlechter. Der Grand Champion der Aquarama 1995 stammte aus Vietnam und ist ein gutes Beispiel dafür, daß in Vietnam schöne Diskusfische gezüchtet werden. Gerade die Red Royal Blue Diskus aus Thailand beeinflußten die Diskusqualität in Vietnam.

In den 80er Jahren stagnierte die Diskuszucht in Vietnam wieder fast völlig und erst in den 90er Jahren wech-

selte die Regierung ihre Politik und die Aquaristik begann wieder zu florieren. Jetzt gibt es wieder kleine Zoogeschäfte und diese Straßengeschäfte bilden ein großes Potential für die Aquarianer in Vietnam. Wie die meisten Asiaten sind natürlich auch Vietnamesen sehr an Zierfischen interessiert und so verwundert es nicht, daß der Absatz an Zubehör und Aquarienfischen sehr gut läuft. Die wenigen großen Diskusfarmen in Vietnam beliefern in erster Linie den lokalen Markt, jedoch können sie auch gewisse Mengen an Diskusfischen nach Singapur, Taiwan und Hongkong exportieren. Als zukünftiges Exportland dürfte auch bald die Volksrepublik China dazukommen. Somit sind also die Weichen für eine erfolgreiche Diskuszucht in Vietnam gestellt.

Mr. Choi Yim ist der große alte Mann der Diskuszucht in Vietnam.

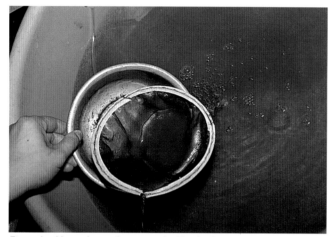

Eines der Hauptfutter für tropische Zierfische in Vietnam sind Rote Mückenlarven, die es hier in großen Mengen gibt.

Ein einfaches Filtersystem, wie Choi Yim es in seiner Anlage benutzt.

Einerseits Diskuszuchtraum, andererseits aber Verkaufsraum von Choi Yim. Eine solche Anlage in Vietnam zu besitzen ist beachtlich, denn man muß sich ja darüber im Klaren sein, daß dieses Land nach schweren Rückschlägen erst langsam wieder im Aufbau ist.

Der respektable Choi Yim

In Vietnam ist alles noch etwas schwieriger als anderswo und deshalb ist die Diskusvereinigung in Vietnam auch noch nicht offiziell anerkannt. Sollte eines Tages ein Diskusclub in Vietnam gegründet werden können, wird wahrscheinlich Mr. Choi Yim der Vorsitzende werden, denn er ist im Land unter Aquarianern bestens bekannt. Er besitzt ein Zoogeschäft im Herzen von Ho Chi Minh City und verkauft dort die üblichen beliebten Diskusfische, wie zum Beispiel den vietnamesischen Türkis-Diskus, aber auch Wattley Blue Typen und einfache Braune Diskus. Gerade was die Braunen Diskus angeht, kann man in Vietnam noch einige klassische Braune Typen sehen, die noch stark an die ersten braunen Wildfänge erinnern. Aber auch Braune Diskus mit einem sehr hellen Körper und einer blauen Kopfzeichnung sind sehr auffällig. Natürlich werden inzwischen auch in Vietnam Pigeon Blood Diskus gehandelt, die meist aus Singapur importiert werden. Die Exporteure und Züchter Singapurs haben sehr schnell erkannt, daß Vietnam in Zukunft ein guter Markt für Zierfische werden kann.

Bei diesem Braunen Diskus wurde sicherlich unter den Vorfahren ein Cobaltblauer Diskus eingekreuzt, denn dadurch wird die gesamte Körpergrundfarbe wesentlich heller. Auch die Kopfzeichnung und das intensive Blau in den Flossensäumen deutet daraufhin. Man könnte aus europäischer Sicht sagen, daß die Farben dieses Fischs zu verwaschen sind, für Asiaten ist jedoch ein solcher goldfarbener Diskus etwas besonderes.

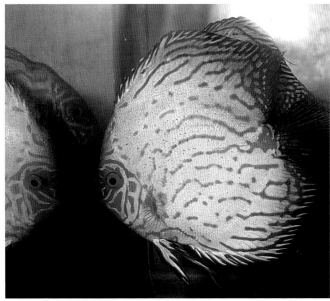

Aus Singapur wurden Pigeon Blood Diskus nach Vietnam importiert und diese blauen Pigeon Blood Formen, die sehr viel Türkis-Blut besitzen, sind inzwischen sehr beliebt geworden. Wenn es einem vietnamesischen Züchter gelingt, diese Diskusfische in größerer Menge nachzuziehen, kann er sich einen beachtlichen Nebenerwerb schaffen. Allerdings ist der Handel mit Zierfischen meist räumlich beschränkt und nur wenigen Züchtern gelingt es, selbst im eigenen Land flächendeckend Fische zum Verkauf anbieten zu können.

Die schwimmende Diskusfarm

Wong Fuk besitzt eine der ältesten und größten Diskuszuchtfarmen in Vietnam. Diese besitzt eine Grundfläche von etwa 300 Quadratmetern. Unterteilt ist diese Fläche in verschiedene Teiche und Zuchträume. Alle Aufwuchsaquarien sind nur auf hölzerne Balken aufgesetzt, die sich direkt über den Teichen befinden. Dies ist sicherlich einmalig, denn so befindet sich die Aufzucht- und Zuchtanlage über einem Gewässer und kann als schwimmende Zuchtanlage bezeichnet werden. Alles ist sehr einfach, aber effektiv gestaltet. Wong erzählt, daß nur wenige Leute in Vietnam von der Diskuszucht leben und die meisten die Diskuszucht nur als Nebenerwerb betrachten können. Er beliefert Monat für Monat seinen Heimatmarkt mit einer gewissen Menge Diskusfische, die ihm ein gutes Einkommen garantieren. Er züchtet auch nur eine Diskusart und zwar den typischen vietnamesischen Türkis-Diskus. Seine Methode, Diskusfische zu pflegen, ist sehr einfach, denn er benutzt ausschließlich fließendes Wasser, um zum Erfolg zu kommen. Wasser ist ja ringsherum genügend vorhanden und auch die lebenden Mückenlarven und *Tubifex*-Würmer, die er verfüttert, sind anscheinend völlig unbelastet.

In diesen Teichen werden tatsächlich Diskusfische aufgezogen. Eine sonderliche Art der Diskuszucht bietet sich dem Betrachter.

Alle Diskus von Wong Fuk werden mit Mückenlarven und *Tubifex*-Würmern gefüttert, die in solchen Teichen gefangen werden.

Mr. Wong Fuk vor seiner schwimmenden Diskusfarm.

Um den Platz möglichst gut auszunutzen, wurden drei Reihen von Aquarien einfach über den Teichen auf Brettern aufgebaut.

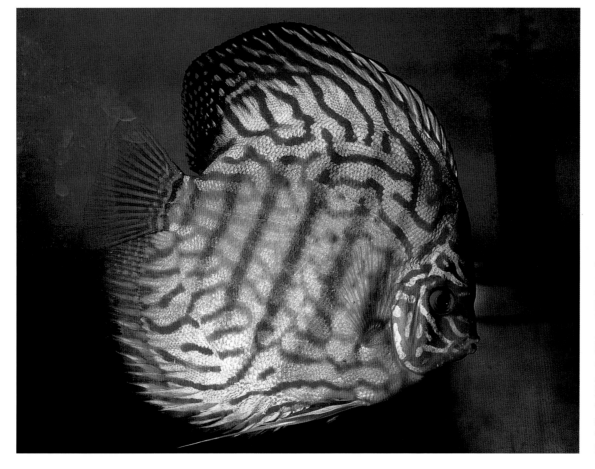

Die typischen vietnamesischen Türkis-Diskus erinnern etwas an die ersten Rottürkis-Diskus, als es gelang, den Türkisformen rötliche Körperstreifen anzuzüchten. Diese Diskusfische lassen sich auf dem örtlichen Markt sehr gut verkaufen und selbstverständlich erzielen sie in Vietnam noch verhältnismäßig hohe Preise.

Ein Überblick über die Außenanlage der Fischfarm läßt erahnen, daß hier zahlreiche tropische Zierfische gezüchtet werden können.

Ein Arbeiter transportiert gefangene Zierfische aus den Außenanlagen in die Räume, in denen sie verpackt werden. Beachten Sie die einfachen Holzstege aus Bäumen.

Diskusfische werden ausschließlich in Innenräumen gezüchtet. Die Anlage ist sehr einfach gestaltet und wird durch natürliches Außenlicht beleuchtet.

Dieser Filter nach „Hausmacher Art" erinnert vielleicht so manchen Diskusliebhaber an seinen Vorfilter im Biofilterbecken.

Es werden auch Kreuzungsversuche durchgeführt, um vielleicht eines Tages doch neue interessante Diskusvarianten zu züchten. Dieser Diskus wurde aus einem Kreuzungsversuch zwischen einem Blauen und einem Braunen Diskus gezüchtet. Auffallend schön ist die runde Körperform.

In Vietnam ist diese Art der Laichunterlage sehr populär. Es handelt sich dabei um typische Ziegel, die beim Hausbau verwendet werden.

Ein Profizüchter

Seit drei Generationen züchtet die Familie Wu bereits tropische Zierfische, um damit ihr Einkommen zu gestalten. Auf der Farm sind 50 Aquarien ausschließlich für Diskusfische reserviert. In den Außenteichen werden alle Arten von Zierfischen gezüchtet, die für den lokalen Markt wichtig sind. Die Pigeon Blood und Türkis-Diskus, die hier gezüchtet werden, gehen fast ausschließlich in den Export nach Singapur und werden wahrscheinlich von dort in alle Welt weiterversandt. Im Verhältnis zu anderen tropischen Zierfischen ist die Menge an gezüchteten Diskusfischen natürlich entsprechend gering. Aber die Züchter hoffen, die Diskuszucht weiter ausbauen zu können. Wu denkt, daß es eigentlich nicht schwierig wäre, Diskusfische im tropischen Klima Vietnams zu züchten, denn es werden kaum technische Voraussetzungen benötigt. Jedoch fehlt in der Bevölkerung einfach noch die finanzielle Basis, um teure Aquarienfische zu Hause zu pflegen. Die gesamte wirtschaftliche Entwicklung ist noch nicht so vorangeschritten, daß es möglich wäre, in die Zukunft zu planen.

Die Qualität an Türkis-Diskus, die in Vietnam gezüchtet werden, ist sehr beachtlich. Immer wieder fällt die perfekte Körperform auf.

Mr. Wu Shan Ching.

Mr. Nguyen Man Che ist ein sehr engagierter Diskusliebhaber, der auch die finanziellen Möglichkeiten, zu qualitativ hochwertigen Fischen zu kommen besitzt.

Perfekt eingerichtet ist die kleine Zuchtanlage, die sich im Wohnhaus befindet.

Ein engagierter Hobby-Aquarianer

Nguyen Man Che ist ein sehr engagierter Diskusaquarianer in Vietnam. Er benutzt das obere Stockwerk seines Hauses, um Diskusfische zu hältern und zu züchten. Für vietnamesische Verhältnisse ein sehr luxuriöser Diskusraum. Da hier auch die finanziellen Mittel vorhanden sind, sind in seiner Anlage außergewöhnlich gute und interessante Diskusfische zu finden. Neue Diskusvarianten können momentan noch kaum nach Vietnam eingeführt werden und mit Ausnahme der Pigeon Blood Diskus besteht also kaum eine Chance für vietnamesische Liebhaber, sich besondere Diskusfische zuzulegen. Aber auch er glaubt fest daran, daß sich eines Tages die Situation in Vietnam ändern wird und dann alle weltweit beliebten Diskusarten in Vietnam zu finden sein werden. Doch wenn wir die sehr schönen Rottürkis-Diskus betrachten, die er besitzt, könnte es schon sein, daß wir wehmütig an die Zeiten zurückdenken, als wir solche Diskusfische als Rottürkis-Diskus in unseren Aquarien pflegten.

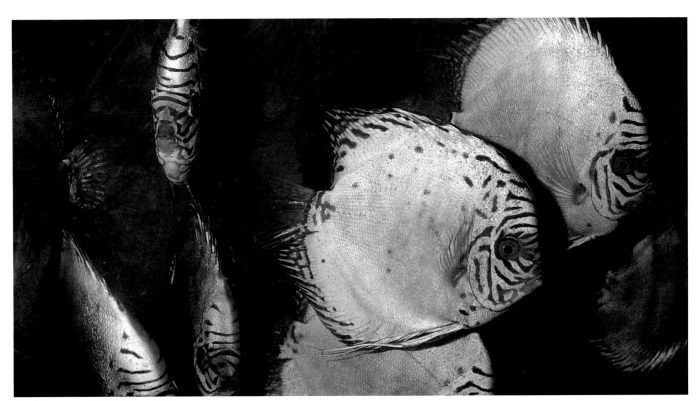

Ein Gruppe von Cobaltblauen Diskus.

Der typische, vietnamesische Rottürkis-Diskus bildet nach wie vor die Basis für alle Diskusliebhaber in Vietnam. Daß dieser Stamm so perfekt erhalten wurde, ist beachtenswert. Beachten Sie die perfekte Körperfom dieser Fische und die interessante Zeichnung. Es bleibt zu hoffen, daß diese Fische nicht verlorengehen, wenn erst einmal neue Farbvarianten nach Vietnam eingeführt werden können.

Der Diskuszuchtanlage von Chiang Kaw Kwai ist auch ein Verkaufsraum für ganz normale Zierfische angegliedert. Dieses Geschäft ist für jeden Liebhaber frei zugänglich.

Die Diskuszuchtanlage befindet sich hinter den Verkaufsräumen des Zierfischgeschäfts.

Ein Diskuseinwanderer

Wegen seines idealen Klimas und der enormen Preiswürdigkeit ist Vietnam für ausländische Diskuszüchter selbstverständlich ein interessantes Land. Aus diesem Grund hat auch Chiang Kaw Kwai aus Taiwan eine Diskusfarm in Vietnam eingerichtet. Da die Lebenshaltungskosten in Vietnam noch sehr niedrig sind, kann mit wenig westlichem Kapital sehr viel erreicht werden. Hier wurde eine mustergültige Diskusanlage aufgebaut, um die hier gezüchteten Diskusfische wieder zu exportieren und dann zum Beispiel über Drehscheiben wie Singapur in alle Welt zu verteilen. Doch auch die Bindung nach Taiwan ist für diesen Züchter noch stark vorhanden und so geht ein Großteil seiner gezüchteten Diskus nach Taiwan. Kwai hatte die Möglichkeiten auch Blue Diamond Diskus nach Vietnam mitzubringen und diese dort weiterzuzüchten. Auch konnte er erstmals Wildfänge importieren und damit Zuchtversuche anstellen. Neben Diskusfischen verkauft er auch in einem Geschäft für die lokalen Liebhaber ganz normale Aquarienzierfische.

Mr. Chiang Kwa Kwai mit seiner Frau.

Ein Zuchtpaar von Braunen Diskus, wobei es sich allerdings hier um Kreuzungstypen handelt.

Alenquer F₁-Nachzucht, von der sich Chiang sehr viel verspricht.

Bei diesem Türkis-Diskus ist die blaue Farbe sehr intensiv.

Kreuzungsvariante aus Türkis und Flächentürkis-Diskus.

Auch hier ist wieder die runde Körperform auffällig.

Türkis-Diskus.

Außenansicht zur Diskusfarm. Man vermutet nicht, daß sich hier die größte Diskusfarm mit über 1.000 Quadratmetern Grundfläche verbirgt.

Hinter den Kulissen sind die zahlreichen Aquarien zu sehen, die sauber aufgereiht sind. In den unteren Aquarien befinden sich immer die Jungfische zur Aufzucht.

Vietnams größte Diskusfarm

Über 1.000 Quadratmeter groß ist die Diskusfarm von Lee Wah Shing in Ho Chi Minh City. Seit rund zwei Jahren gibt es diese Farm erst und von hier werden Diskusfische nach Taiwan und Japan exportiert. Lee hat seine Diskuserfahrungen in Hongkong machen können und somit fällt es ihm leicht, jetzt professionell Diskusfische zu züchten. Momentan gibt es in Vietnam allerdings große Probleme mit der Wasserqualität, denn durch den langsamen wirtschaftlichen Aufschwung und durch die damit verbundenen Wasserverschmutzungen hat die Wasserqualiät erheblich gelitten. Dies erfordert jetzt eine erste Aufbereitung und Pflege des Aquarienwassers. Aus diesem Grunde werden große Wasserbecken und Tanks angelegt, in welchen das Wasser für mehrere Tage gefiltert wird.

Seine Methode der Diskuszucht unterscheidet sich auch von der der örtlichen Züchter, denn er benutzt inzwischen auch Rinderherz als Hauptfutter, so wie er dies in Hongkong lernte. Die Standardfische in seiner Zuchtfarm sind Blue Diamond, Pigeon Blood und Rottürkis-Diskus. Selbstverständlich möchte auch er, wie seine asiatischen Kollegen, eines Tages eine eigene Zuchtvariante aufbauen und dieser einen speziellen Namen geben.

Einblick in die Wasseraufbereitungsanlage.

Lee Wah Shing, Besitzer der größten Diskusfarm Vietnams.

Von sehr schöner Qualität sind auch hier die typischen Rottürkis-Diskus aus Vietnam. Diese Zuchtlinie hat sich in allen Züchterein bis heute unverändert halten können.

Diese Rottürkis-Diskus wurden aus Singapur importiert und unterscheiden sich im Charakter doch erheblich von den Vietnam Rottürkis.

Vietnamesischer Rottürkis-Diskus.

Ein Paar von silberfarbigen Pigeon Blood Diskus, die durch Einkreuzen von Blue Diamond Diskus erzielt wurden.

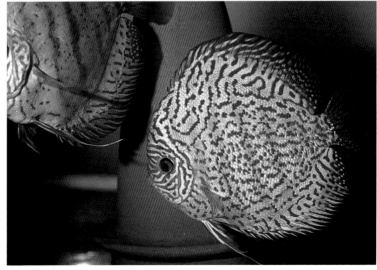

Vietnamesischer Rottürkis-Diskus mit starker Punktierung.

Ratgeber Rund um den Diskus

Fragen und Antworten rund um den Diskus bewegen alle Diskusfreunde.
Gezielt werden hier immer wieder auftretende Probleme beantwortet. Neben über 200 Fragen und Antworten finden Sie auch zahlreiche Erläuterungen mit praktischen Fotohinweisen. Also ein völlig anderes und neuartiges Buch.
88 Seiten mit ca. 70 Farbbildern

ISBN 3-931 792-38-2   **DM 29,80**

Dieses Buch ist inzwischen schon zu einem Standardwerk geworden.
Hier finden Sie viele wertvolle Tips zur Haltung und Pflege Ihrer Diskusfische.
Ob Sie nun über die Fütterungsmethoden oder aber über die Geschlechtsbestimmung etwas wissen möchten, hier bleibt keine Frage unbeantwortet.

ISBN 3-980 1265-1-X   **DM 29,80**

Erfolg mit Diskusfischen

Ratgeber Der Diskus im Schauaquarium

Ein perfekt funktionierendes Diskusschauaquarium - welcher Diskusaquarianer träumt nicht davon!
Hier erfahren Sie, daß es keineswegs ein Traum bleiben muß, sondern daß auch Sie sich Ihren Wunsch erfüllen können.
Auf 80 Seiten finden Sie viele praktische Anweisungen und Tips für die Zusammenstellung eines bepflanzten Diskusaquarium.

ISBN 3-931 792-11-0   **DM 29,80**

Bücher für Ihr Hobby

Mit der neuen Erfolgsreihe aus dem bede-Verlag bieten wir Ihnen zu Ihren Aquarienfischen das passende Buch.

Sie möchten in die Aquaristik einsteigen, oder Sie brauchen wertvolle Tips zur Haltung und Zucht Ihrer Fische, dann ist unsere neue Reihe genau das Richtige. Jeder der 27 Titel umfaßt 80 Seiten und ca. 80-100 faszinierende Farbaufnahmen.

Für nur DM 19,80 je Titel ein aquaristisches Muß für Hobby-Aquarianer.

3-931 792-68-4

3-931 792-78-1

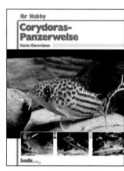

3-931 792-26-9

3-931 792-67-6

3-931 792-69-2

3-931 792-45-5

3-931 792-74-9

3-931 792-76-5

3-931 792-65-X

3-931 792-29-3

3-931 792-66-8

3-931 792-77-3

Fordern Sie unverbindlich unseren Gesamtprospekt an!

Holen auch Sie sich alle zwei Monate brandneu die neue Ausgabe von
„Aquarium live" bei Ihrem Fachhändler. Sie werden sehen es lohnt sich.
Für nur DM 8,- erhalten Sie ein junges und modernes Magazin mit vielen tollen
Themengebieten der Aquaristik.